旅行の世界史

人類はどのように旅をしてきたのか

森貴史

星海社

244
SEIKAISHA SHINSHO

序

「保証してもいいですが、旅をしない人間は、少なくとも芸術と学問に携わる人びとならなおさら、なんとも哀れなものです！［……］平凡な才能の人間は、旅に出ても出なくても、ずっと平凡なままです。しかし、優れた才能のもち主は、［……］ずっと同一の場所にいると、だめになってしまいます」

（父レオポルト宛て1778年9月11日付書簡）

35年間の生涯で17度の旅を経験し、その人生の3分の1ほどが旅の途上にあったオーストリア出身の作曲家ヴォルフガング・アマデウス・モーツァルト（1756‐91）のことばである。

イタリア、ドイツ、フランス、イギリス、オランダ、ベルギー、チェコ、スロヴァキア、スイスへと旅したかれは、いわば旅の達人だった。

モーツァルトはたしかに音楽家として天才であったが、凡才の人びとであっても、旅に出て、非日常を体験すると、成長することもある。旅で成長するのは、天賦《てんぷ》の才をもった人だけではないはずだ。

人間が移動するということは、「空間」を移動することを意味する。それが旅である。旅とは知らない土地をおとずれて、経験として知ることである。

すなわち、旅とは〈未知〉を体験し、それを〈既知〉とする経験である。

そして、旅をすると、その新鮮な体験を書き残したくなるものである。それゆえ、旅人と旅行記は、古代から不可分の関係にあった。旅行記を読むことで、著者の旅行を追体験できるからである。

必然的に、旅人について語ることは、その旅行記の内容を語ることでもある。くわえて、旅から帰ってきた著者の体験記は、さらに読者を旅へといざなうのだ。

このような旅と人間をめぐる文化一般についての歴史を、本書『旅行の世界史　人類はどのように旅をしてきたのか』は紹介するものである。

旅の歴史をたどることは、人間とその取りまく環境を考えることでもある。移動することで、人間は新しい環境に置かれるからだ。

たとえば、それは見たこともない自然である。人間と自然の関係は、現代とはまったく異なっていた。後述するが、自然とは、かつては眺めて感受する対象ではなかった。不吉や恐怖の感情、辛い労働をもたらすもので、けっして楽しむべき「風景」ではなかった。

にもかかわらず、人間は太古の時代から見知らぬ土地に憧れて、未知なる空間に想いをはせてきたのだ。これゆえに、旅行の新しい目的が考え出され、旅行手段が発明されてきた。

そして、旅行の移動距離や到達した場所が想定外に遠大であったばあい、旅行者は「冒険者」と呼ばれたのである。

本書では、西ヨーロッパを中心に、できるだけ広範に、旅行の目的や手段の変遷についても言及していきたい。それによって、いかにして人類がみずからの移動距離の限界を超えてきたのかという問いの答えとともに、逆に移動時間の短縮をはかってきた過程も知ることができるからである。

有史以前から人類が移動してきた痕跡は、古代の神話や伝説の英雄たちから知ることができるだろう。古代ギリシアのアレクサンドロス大王は地中海世界からインドまで遠征して、帰路で客死したが、あるいは玄奘《げんじょう》三蔵のように、仏教を学ぶ目的で中国からインドにおよぶ遠大な旅に出発し、無事に帰還した人物もいた。

中世の時代、さまざまな身分や職業の人びとと同様に、信仰者たちは聖地への巡礼を盛んにおこなった。巡礼者が聖地をおとずれることで巡礼地周辺の経済をうるおしたのは、現代と同様である。

同時代には、ヨーロッパ世界やオリエントからインドや中国まで旅した「冒険者」が存在し、かれらの幻想的な内容の旅行記は西洋人の想像力を刺激した。一方で、北欧のヴァイキングや航海者たちは、植民地や交易地を求めて、未知なる海へと船出した。知られざる海域や航路を探す旅は、アメリカ大陸発見後も、つぎの近代での南太平洋諸島の発見、現代での南極圏および北極圏の踏破へとつづいていく。

近代において、地球上に存在する人類未踏の領域に足を踏みこんだのは、啓蒙主義の洗礼を受けた学者たちが最初だった。それ以前は恐怖の対象だった自然が近代以降、計測・記録されるべき研究対象になったのだ。

とりわけ近代になると、旅行の歴史は、新しいテクノロジーの開発と普及が新しい旅行ビジネスの開拓を牽引してきたことの歴史でもある。

18世紀に愛用されていた馬車、帆船につづいて、新しく蒸気機関が発明されると、19世紀には蒸気機関車や蒸気船が発明されて、新しい交通手段として普及が進んだ。

この変化に着目して、パイオニアたちは大衆的な団体旅行を企画したり、旅の快適化をビジネスに発展させた豪華列車や豪華客船の旅を考案し、世界一周旅行まで実現したのである。新しい交通手段の発展は同時に、実用的な旅行ガイドブックの出版ブームも後押しした。

くわえて、19世紀後半のガソリンエンジンの開発は四輪自動車、オートバイ、飛行機、飛行船を実用化させて、20世紀前期には空の旅での世界一周もおこなわれるようになった。

第2次世界大戦後の航空機の発達によって、大型旅客機が普及した結果、旅行時間を短縮するなお一層の快適さを大空の旅にもたらした。さらに21世紀、テクノロジーの発展は宇宙船や有人ロケットの実用化を促進して、ついには宇宙旅行ビジネスを企画させるにいたるのである。

かくして、社会的・技術的制約の解消によって旅行は進歩してきたわけだが、一方で移動手段と目的地がきわめて限定されていた時代であっても、異世界への旅を、人間は想像してきた。たとえば月への旅は、すでに古代の物語に記されている。

アッシリアの風刺作家ルキアノス（120?または125?-180?）の短編『本当の話』では、未知の海域へと船出した50人の若者の船がつむじ風で7日7晩も飛ばされたあげく、月世界にたどりつき、エンデュミオン王の軍に加勢して、太陽王パエトーンと戦う。

SFの父と呼ばれるフランスの作家ジュール・ヴェルヌ（1828-1905）の長編小説2部作『月世界旅行』（1865、70年）発表にさきがけること、1700年まえのことである。

すでに天文学者ヨハネス・ケプラー（1571-1630）の『夢《ソムニウム》』（1634年）では、月世界旅行が夢のなかでおこなわれるし、イギリスの司教ジョン・ウィルキンズ（1614-72）はその『新世界発見』（1638年）で、月へ到達する4つの手段として、精霊、天使、鳥の力、自身の体に直接結わえつけた翼である空飛ぶ車《チャリオット》を提案した。

その3つ目の手段を用いて、すなわち月からやってきたという多数の白鳥を捕まえ、ブランコのような座席を取りつけて、主人公ゴンザレスが月をめざした物語が、おなじくイギリスの司教フランシス・ゴドウィン（1562-1633）の『月の男』（1638年）なのだった。

そして、ヴェルヌから200年ほど以前の17世紀のフランスの作家シラノ・ド・ベルジュラック（1619－55）は、『日月両世界旅行記』（1657、62年）を著している。かれは劇作家エドモン・ロスタン（1868－1918）の戯曲『シラノ・ド・ベルジュラック』（1897年）の主人公として知られる。シラノ2部作の主人公は月と太陽というふたつの異世界へと旅するのだが、太陽に暖められた夜露をつめたビンを腰に巻いたり、6連の火薬を爆発させたり、あるいは太陽の光を反射する透明な20面体の集光鏡の力を借りるのだ。

時間旅行の物語に関しても、ヴェルヌと並ぶSFの巨匠H・G・ウェルズ（1866－1946）の『タイム・マシン』（1895年）が発表される120年以上まえに存在している。フランスの文筆家ルイ＝セバスチャン・メルシエ（1740－1814）は『紀元2440年』（1771年）で未来都市パリの見聞記を描いてみせた。フランス革命以前のパリの風俗を活写した『タブロー・ド・パリ』（1781－88）で知られるメルシエの時間旅行は、いわゆる「夢落ち」で終わる物語であったけれども。

非日常の異世界に憧れて旅立つ物語は、ユートピア旅行記というジャンルのなかに、幾多の時代に存在していた。それらの主人公（あるいは著者）はさまざまな手段を発明して、未知なる世界へと飛び出したのだった。

はるか古代から存在しない旅を夢想するくらいなのだから、人類と旅は不可分なものといってよいだろうし、本論で紹介するように、古代から現代まで人びとはさまざまな旅をくり広げてきた。

それでは、人間が旅することの歴史をたどる旅に出かけよう！

目次

第2章〈中世〉世界を旅する職業人たち 49

第3章〈近代〉

第4章〈現代Ⅰ〉

20世紀の新しい大衆旅行

第5章〈現代II〉

新たなテクノロジーによる旅と極地探検 253

A GLOBAL HISTORY OF TRAVEL

第1章

古代

英雄は旅で成長する

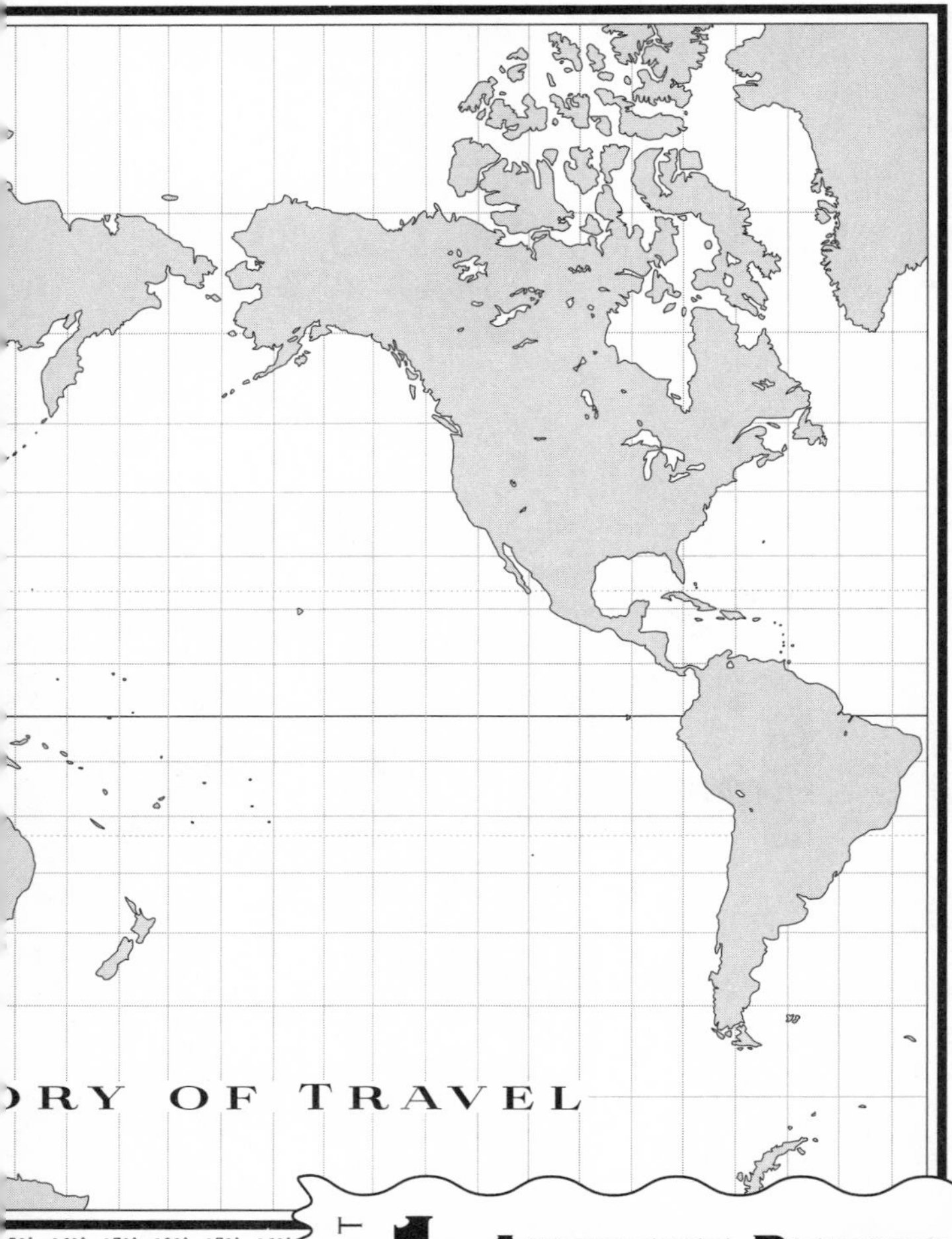

PART 1 Ancient Period

Heroes grow up on the journey.

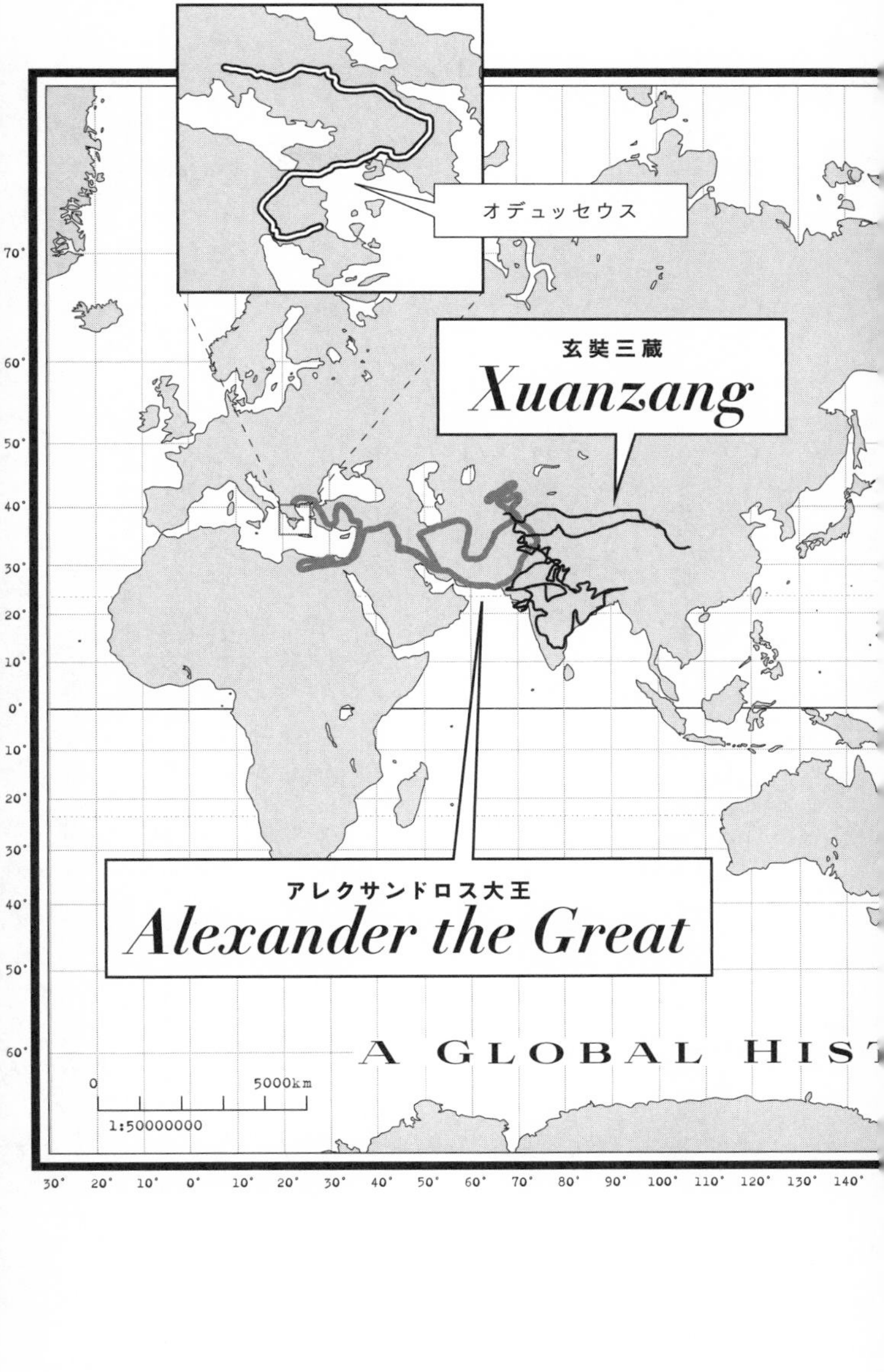

オデュッセウス
玄奘三蔵
Xuanzang
アレクサンドロス大王
Alexander the Great
A GLOBAL HIST
0
5000km
1:50000000

われわれ新人（現生人類）は、アフリカから世界各地に旅をして、文明を形成した。先史時代から、人類はつねに移動をくりかえしてきたのだ。

古代においては、神話や伝説のなかに当時の旅のようすをうかがうことができる。現代のわれわれとおなじく、ギルガメシュやオデュッセウスといった伝説や神話上の英雄もまた、旅をして成長したのである。

その一方で、アレクサンドロス大王は実在したマケドニアの王であって、じっさいにギリシア世界からはるばるインドまで想像を絶する戦いの旅をつづけたのだが、旅程に関しては工夫に工夫を重ねた長征だったといえよう。

玄奘三蔵による唐の都長安から天竺《てんじく》への旅も、小説『西遊記』のモデルとしてよく知られている長大な旅だが、正統な仏典を求めただけでなく、正統な仏教思想を現地で数年間にわたって学んでいる。学僧であった玄奘にとっては、まさしく「留学」でもあったのだ。

古代の地中海に存在した「世界の七不思議」はいわば「古代の観光名所」ともいうべきもので、現代人にもなじみ深い観光旅行がおこなわれていたことは、古代にもみいだせるのである。

新人の地球への拡大

われわれ現生人類は「ホモ・サピエンス・サピエンス」という種に分類される。「猿人、原人、旧人、新人」というカテゴリーでは、新人と呼ばれている。

諸説はあるものの、最近ではネアンデルタール人とは別系統とされる新人は、アフリカのサハラ以南に発している。技術を向上させつつも、生存的優位を確立すると、約10万年まえにアフリカから中近東へと進出した。さらに北方のヨーロッパへ、中近東からは東方へ、東南アジアから南方のオーストラリア大陸へ、中央アジアから東アジアへ、ついにはシベリアやアラスカを経由して、アメリカ大陸までたどりついた。

狩猟と採取に明け暮れるかれらは、動物、植物、温暖な気候を求めて、旅をしたのだ。競合する人間もおらず、周囲に獲物がみあたらなくなると、新たな土地を求めて、すぐさま移動したのである。

氷河期が終わると、ヨーロッパは森林、河川、湖沼という自然に代表される温暖な環境へと変化した。人びとは草原やツンドラでの狩猟中心の生活を転換せざるをえなくなる。紀元前6000年を経過すると、ギリシアのエーゲ海沿岸や対岸のアナトリア（小アジア）に、土器をもち、栽培する人びとが、すなわち農耕民が現れた。

紀元前5500年ぐらいには、農耕技術はギリシアから北方のバルカン地方へと拡大していった。紀元前4500年から前4000年の時期には、ポーランド、ドイツ、オランダまで農耕が普及し、定住農耕村落が形成されていった。

かくして、人びとは狩猟・採取のために旅をする生活から、定住して農耕をいとなむ生活形態へと変化していった。そして紀元前4000年末ごろに、最古の都市文明と呼ばれるメソポタミア文明が成立するのである。

ギルガメシュ王が残した人類最古の旅の記録

ギリシア語でふたつの河のあいだを意味する「メソポタミア」という語のとおり、ティグリス川とユーフラテス川に挟まれた地域の河口付近で、シュメール人は都市文明を築いた。瀝青《れきせい》のほかに鉱物資源は産出しなかったものの、2本の河という水源と沖積平野のおかげで、漁業、麦類やナツメヤシの栽培にくわえて、牛、羊、山羊、豚などの家畜を蓄えることができた。その豊かな暮らしぶりによって、シュメール人は都市文明をいとなんだのである。

その文明が生み出した画期的な文化は、粘土板に独特の楔形《くさびがた》文字で記す記録方法であった。行政と経済について大量の記録が伝わっている。紀元前3000年ごろには、オリエントで最古の高度な文明を築きあげ、王権が成立していた。

シュメール語で書かれた文学とされるもののなかで英雄叙事詩的な性質をもっているのは、ウルク第1王朝の3人の王を描いた物語群であり、もっとも有名なのが5代目の王とされるギルガメシュをめぐる作品である。『ギルガメシュ叙事詩』と呼ばれる物語群は異本も多いが、オリエント世界で人気を博して、アッカド語、アッシリア語、フリ語、ヒッタイト語にも翻訳された。

『ギルガメシュ叙事詩』は、世界最古の文学として断片的な物語が現代に伝わっている。このウルクの王、しかも冒頭では暴君として描かれるギルガメシュの物語には、現代のわれわれにも理解できる旅の要素が記されている（図1-1）。

ギルガメシュは、大地の女神アルルがかれをこらしめるために生み出した猛者エンキドゥと長時間の戦いののちに、友となる。英雄ふたりは遠方にある杉の森へ遠征し、その森番フワワ（フンババとも）を打倒し、杉の木を伐採するために旅立

図 1-1　ギルガメシュ王を描いたとされるレリーフ
（ルーヴル美術館蔵）

つ。ようやく、遠路はるばる杉の森にたどりつく。

彼らは立ち止まり、森を見上げた
杉については、その高さを眺めた
森については、その入口を眺めた
[……]
彼らは杉の山、神の住まい、イルニニ[女神イシュタルの異称]の玉座を見た
山の手前には杉がその頂きをかかげていた
その木陰は快適で、喜びに満ちていた

(矢島文夫訳)

英雄ギルガメシュとエンキドゥは、みごとな杉の森に心をうばわれている。この数行の詩が描いているのは、ふたりが旅の目的地の風景を楽しんでいる場面なのだ。かれらは、現代のわれわれとおなじく、旅先の風景を体験しているといえよう。

『ギルガメシュ叙事詩』には、現代と同様の旅の要素がもうひとつ書かれている。エンキ

ドゥ死後に永遠の生命を求めて、ギルガメシュはふたたび旅に出る。「狩人のように私は野原のさなかをさまよった」（同訳）と語るかれが出会うのは、「女主人」と記された（居）酒屋の女将シドゥリである。この時代では酒屋は宿屋も兼業していたゆえに、旅に疲れたギルガメシュは宿で休息しようとしたということになる。

異本のH・ガスター『世界最古の物語』（矢島文夫訳、現代教養文庫、1973年）には、この場面の描写が詳細である。「やがて、どこからみても旅の宿と思われる、一軒の大きな家が目に入りました。ギルガメシュは疲れ切って、痛む足をひきずりながらその家にたどり着き、案内を乞いました」（同訳）と、もっと明確に書かれている。

人類最古の英雄叙事詩で描写されたギルガメシュ王も、旅先の風景を楽しみ、宿で旅の疲れを癒そうとする。人間の旅は、紀元前3000年の時代からかわることがない。そして、人間は旅に出ることで、人生の物語がはじまる。それは古代神話の英雄たちも同様だ。旅立つことで、かれらの伝説は幕が開くのである。

暴君であったギルガメシュは、永遠の命の鍵を知る聖王ウトナピシュティムを訪ねあて、「私はすべての国々をさまよい歩いた／私は険しい山々を超えてきた／私はすべての海を横切った／私の顔面はうまき眠りに満ち足りてはいない／眠らぬためにわが身を苦しめ、手足を嘆きで満たした」(同訳)と、聖王に吐露する。野蛮な暴君だったギルガメシュは、友のエンキドゥを失うことで命のはかなさを知り、永遠の命を求めて、世界を放浪したのだ。ウトナピシュティムから聞き出した不死の薬草を、ギルガメシュは苦難の末にようやく入手したのもつかの間、水浴中に蛇に喰われてしまう。涙にくれたギルガメシュだが、限りある命をいまは定めと受け入れて、ウルクの町へと帰っていく。

旅することで成長するのは、英雄もかわらない。旅こそが英雄の成長物語に不可欠の要素なのである。

次節では、ヨーロッパ世界で有名なもうひとりの神話の英雄オデュッセウスの旅に眼を向けてみよう。

オデュッセウスの故郷への旅

「オデュッセウスの歌」を意味するタイトルをもつ叙事詩『オデュッセイア』は、盲目の詩人ホメロスによって紀元前8世紀に書かれたもので、古代ギリシア最古期の長編叙事詩である。

主人公オデュッセウスはイオニア海に浮かぶ小島イタカの王だが、かれが遠征に参加したトロイア戦争での勝利後に故郷へ帰還するまでの10年間の旅が描かれる。アナトリア北西部にあった城塞都市トロイアはイリオス、イリオンとも呼ばれており、イリオンを歌う長編叙事詩が『イリアス』であって、おなじくホメロスの作とされている。この物語では、ギリシアとトロイアの10年におよぶ戦争の終末が語られる。

ギリシア兵が内部に潜んだ巨大な木馬を放置し、間者を通じて虚言を信じさせた結果、この木馬をトロイア城壁内へ運びこませることに成功する。そして夜を待って、ギリシア兵を引き入れて、偽りの戦勝に酔いしれるトロイア勢を奇襲してうち滅ぼしたのである。この奸計を考えだし、みずからも木馬内に隠れて実行したのが、オデュッセウスだった。

トロイア戦争後に故郷へ帰還しようとするかれを描いたのが『オデュッセイア』となる。前半がオデュッセウスの10年間の苦難の旅、後半は帰還後のかれをめぐる物語となっている。

オデュッセウスの故郷への旅はじつに多彩である。海神ポセイドンの逆鱗に触れたかれは、女神カリュプソの島に7年間留め置かれて、女神からの求婚を拒否しつつも故郷を思い、泣き暮らす。手づくりの筏《いかだ》で島を出ると、ポセイドンがまきおこす嵐に悩まされる。難破したオデュッセウスはパイエケス人の島にたどりつく。王と王妃にお目見えしたのち、宴席が設けられて、楽人デモドコスが呼ばれてくる。トロイア戦争が歌われるのを聴いて、涙を流す主人公の素性が明らかになる。

パイエケス人の島に2日間滞在したオデュッセウスの旅はつづく。ひとつ目巨人キュクロプスの国、魔法を使う女神キルケーの島、冥界、怪物スキュレと魔の淵カリュブディスと、驚異の旅である。

とりわけ有名なのは、歌声で船乗りを惑わせる、半身が鳥で半身が女性のセイレーンだ。船乗りたちには蠟《ろう》で耳栓をさせて、オデュッセウス自身は体を帆柱に縛りつけて、歌の魔力をみずから試し聴きするというエピソードである（図1-2）。

部下を失い、ふたたびカリュプソの島へ漂着するも、オデュッセウスはそれでも最終的には、パイエケス人の船で故郷の島イタカへ帰還する。

冒頭の序歌で「トロイエ（トロイア）の聖なる城を屠《ほふ》った

図1-2　ジョン・ウィリアム・ウォーターハウス《ユリシーズとセイレーンたち》（1891年、ヴィクトリア国立美術館蔵）、ユリシーズはオデュッセウスの英語形

後、ここかしこと流浪の旅に明け暮れた、かの機略縦横なる男」（松平千秋訳）と紹介される主人公オデュッセウスは、10年間の苦難の旅でなにを学んだのだろうか。

西村賀子《よしこ》『ホメロス『オデュッセイア』〈戦争〉を後にした英雄の歌』によると、かれが覚醒するのは、パイエケス人の島で楽人デモドコスがトロイア戦争について歌っているのを聴いたときである。

高名の楽人はこう歌ったが、オデュッセウスは打ち萎れて、瞼に溢れる涙は頬を濡らした。そのさまは、己《おの》が町己が子らを、無残な敗戦の日に遭わすまいと、祖国と同胞の見守る前で戦って討ち死にした夫にすがり泣き伏す妻の姿を見るよう、断末魔の苦しみに喘ぐ夫の姿を見るや、その傍らに崩おれてよよと泣く。［……］それに劣らず悲しげに、オデュッセウスは眉の下から涙をこぼした。

（西村賀子訳）

デモドコスの歌はトロイア軍の視点から状況を歌い、敗者の視点からのギリシア軍の暴虐と破壊行為を歌うものだった。みずから考案した木馬の奇計がたまたま成功したもので、女神アテナの神助あってのものだったことを、オデュッセウスはデモドコスの歌から看取して泣いたのだった。

これ以降、故郷への旅の途上で覚醒した主人公オデュッセウスは、「非の打ちどころのない名君」、「神の怖れる敬虔《けいけん》な心を抱き、多くの逞《たくま》しい民に君臨し、正義を堅持する王」（同訳）の誉れが、理想になったのである。

『オデュッセイア』後半のクライマックスは、オデュッセウス不在の10年間に、その妻ペネロペに求婚していた若者たちとの戦いである。成長をとげたオデュッセウスは最後まで戦いを回避するために説得をつづけたが、かれの声に耳を貸さなかった求婚者たちを討たざるをえなかった。

つづいて、求婚者たちの遺族との戦闘が頂点にさしかかったとき、女神アテナの停戦宣言が告げられる。オデュッセウスが「心嬉しく女神の言葉に随った」（同訳）ところで、『オデュッセイア』の物語は終わるのだった。

すなわち、トロイア戦争で勇名をはせたオデュッセウスは、10年間もの異界をさまよう旅を経て、戦いを好まないよき王へと成長できたのである。

アレクサンドロス大王の東征

旅がもたらした人間的成長をたどれるとはいえ、ギルガメシュ、オデュッセウスは叙事詩の主人公である。それでは、もっとのちの時代に実在した英雄アレクサンドロス大王の旅は、どういうものだっただろうか。しかし、旅とはいえ、オデュッセウスと同様の遠征である。

紀元前356年7月にギリシア北部のマケドニア王国の長男として生まれたアレクサンドロス3世（前356-前323）は32年11ヵ月という短命だった（図1-3）。少年時代の家庭教師が哲学者アリストテレス（前384-前322）であったことはよく知られている。

ギリシアからインドにいたる広大な遠征をなしとげた大王は、その帰還途中に熱病で死去するまでの10年ものあいだ、ずっと東方への旅の空の下にあっ

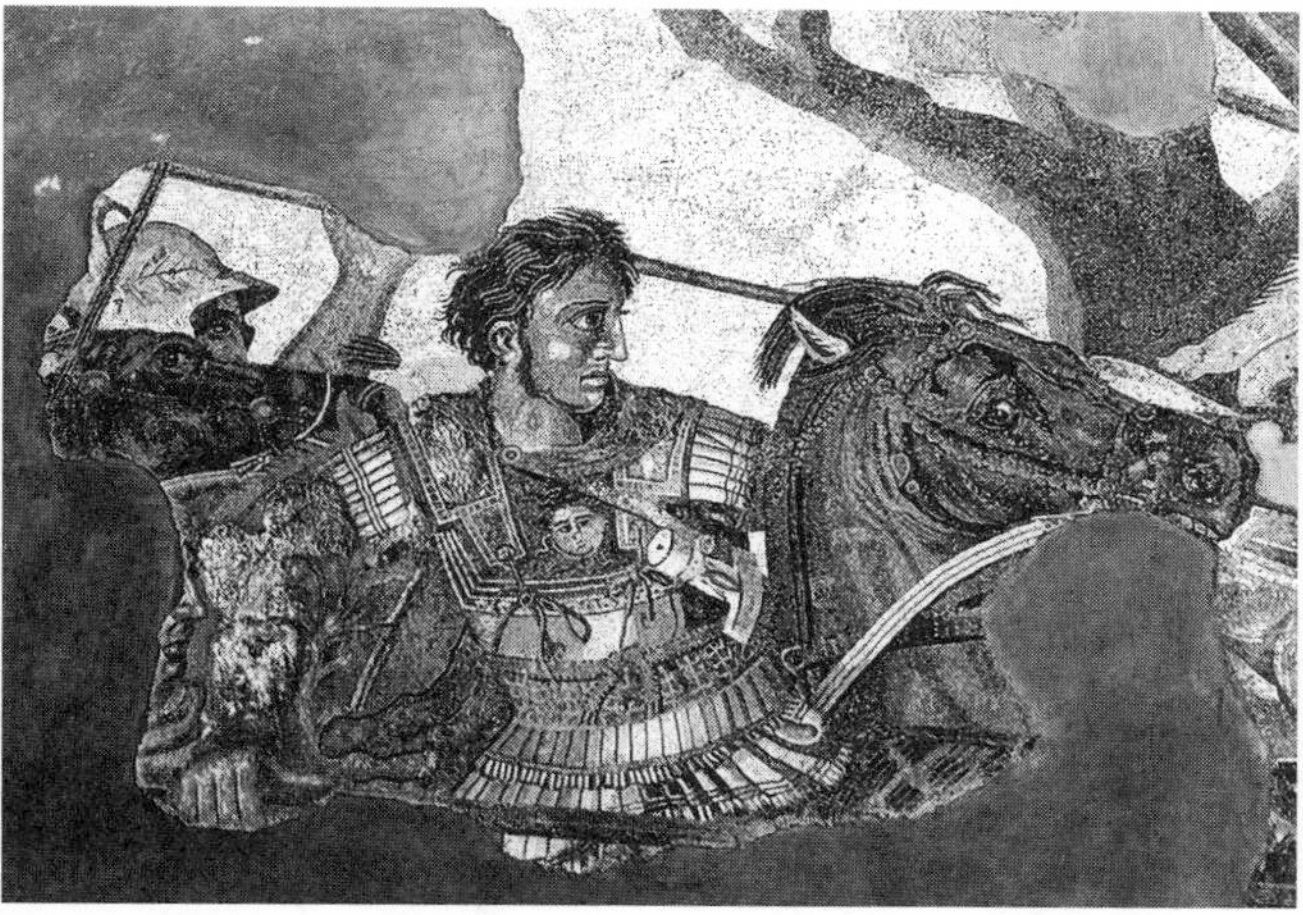

図1-3　アレクサンドロス大王のモザイク
（ポンペイ出土、ナポリ国立考古学博物館蔵）

た。紀元前334年にマケドニアとギリシアの同盟軍を率いて、ペルシアへむけて遠征を開始した。

アレクサンドロスはアケメネス朝ペルシア帝国の王ダレイオス3世（前380ごろ‐前330）を紀元前334年にグラニコスで、翌年にイッソスでうち破り、前331年にはメソポタミアのガウガメラでの決戦でも大勝した。ダレイオス3世は側近に裏切られ、捕虜とされたのちに暗殺されるという結末で、ペルシア帝国との戦いは終了する。

エルブルズ山脈南麓にある都市へカトンピュロスで軍を再集結させると、ギリシア同盟軍を中心とした部隊を解散させて、給料や報奨金を支払った。220年つづいたアケメネス朝ペルシア帝国が滅亡し、当初の東征の目的が達成されたからである。

この時点から、アレクサンドロスのほんとうの東征がはじまった。エルブルズ山脈を越えて、カスピ海南岸へと到達、ヒュルカニア平定を皮切りに、東方へと進撃した。だが、およそロマンティシズムはない。バクトリア・ソグディアナ地方では2年間におよぶ殺戮戦争が展開された。都市を陥落させたのちは、男は殺害し、女と子どもは奴隷とした。

紀元前327年秋に、アレクサンドロスの軍勢はインド（現パキスタン）に進攻すると、この地でも抵抗する都市の住民を虐殺した。この時期、インダス川までのインド西側は名目上はペルシア帝国領であった。

インダス川沿岸の都市タクシラの王アンビがアレクサンドロス軍に友好的であったために、大王はひと月滞在した。このアンビと対立していたのが、ヒュダスペス川（現ジェルム川）沿岸を領するポーロス王であり、アレクサンドロス軍とも対峙した。

前326年5月にパンジャブ東部を領するポーロス王が率いる歩兵5万、騎兵3000、戦象130の大軍とヒュダスペス河畔で戦った。ここでの「戦象」とは、象使いが乗る象で、騎兵の馬を動揺させる効果があった。

その生涯最後の大会戦にアレクサンドロスは勝利すると、さらに東進した。インダス川最後の支流ヒュファシス川（現ベアス川）に到達し、まだ見ぬガンジス川と肥沃な国土に想いをはせたアレクサンドロスだったが、将兵たちはこれ以上の遠征を拒否、反転を余儀なくされた。

とはいえ、2000艘《そう》の大船団を編成し、インダス川河口をめざして南下する。やはり途中の諸部族との戦闘で殺戮がくりかえされたが、ようやく前325年夏に河口へたどりついた。その後、過酷なガドロシア・マクラン砂漠をふた月で横断、前324年にスーサ、前323年春にバビロンへ到着する。

だが、この地でアラビア半島周航を計画するものの、アレクサンドロスは熱病を発して、6月10日に33歳にひと月足らずという若年で死去した。

遠征軍の行軍のじっさいについては、森谷公俊氏の著作に依拠して、いくらか具体的に紹介したい。

遠征出発時のマケドニア・ギリシア同盟軍は、騎兵や歩兵、先発隊などの総兵力4万7100人に、非戦闘員である従者1万6000人と数百の専門技術者をくわえると、総計約6万4000人である。

非戦闘員には、学者、召使い、商人、捕虜を売買する奴隷商人、娼婦たちがふくまれていた。土木技術などの専門家には、歩幅と歩数で進軍距離を計測して記録する歩測家がいた。かれらのなかには、『アジア歴程』、『アレクサンドロス征旅歴程』を残して、後世に東方遠征の記録を伝えた者もいた。

アレクサンドロスの東征が開始されてから最初の4年間は、いわばペルシア王国が征服した地域の解放戦争という性質があった。エジプトやバビロニアでは、かれは解放者として歓迎された。だが、それ以降ペルシア帝国内の中心へと進撃していくと、その住民たちはマケドニア兵に敵対的で、占領後も抵抗が継続することも少なくない。当然ながら、敵地での略奪によって糧秣《りょうまつ》を確保するしかない。現地住民の襲撃でマケドニア兵が殺害される事例もあった。

未知の地域へ進攻するためには、その地の情報が不可欠である。旅先の情報が必要なのは、現代の旅とかわらない。地元住民や帰属した貴族たちが地形、気候、交通路、物資などを知るための情報源となった。そのさいには、通訳や案内人が重宝されたはずである。

アレクサンドロス軍の人馬が橋のない大河をわたるときは、どうしただろうか。紀元前331年の夏にユーフラテス川を渡河《とか》したときは、舟を並べてつないだうえに板を置いて橋とする舟橋《ふなばし》（浮き橋）をつくって、幅700メートルの川をわたった。舟橋は古代の中国や日本の記録にも残る、洋の東西を問わず古代から用いられてきた渡河手段である。

前329年にオクソス川（現アムダリヤ川）をわたるさいには、浮袋をつくって渡河している。野営用の革製テントに枯草などの詰めものをして、固く縛り、縫い合わせたものである。兵士たちは皮の浮袋に腹ばいのままで川幅約1キロを泳いだ。全軍の渡河に5日を要した。

同年、対岸にスキタイ人騎兵が待ち受けるヤクサルテス川（現シルダリヤ川）のばあいは、騎兵と歩兵を運搬するための筏1万2000艘を3日間で急造した。筏にはスキタイ人の攻撃から漕ぎ手を守るための武装兵が配置されており、軽装兵が筏の後方を革袋で泳いだのである。

これらの事例が示すのは、古代の軍隊の遠征とはいえ、さまざまな非戦闘員が活躍していることだ。旅程の計測・記録、食糧調達、移動手段の確保など、直接の戦闘以外の多様な生業《なりわい》ともいうべきもののほうが、旅行にとってはいかに不可欠であるかを教えてくれる。くわえて、足を踏み入れたことのない世界の情報を事前に入手しておく必要性も同様である。遠征は戦闘員だけでは成立しないのだ。

ところで、アレクサンドロスの東方遠征のほんとうの動機を求めることは困難なようである。挑戦し、勝利しようとする自己実現こそを、大王はつねに求めていて、かれに追随した将兵たちも同様の価値観をもっていたと考えられる。あるいは、大王自身が軍事的征服者である一方で、未知なるものへの強烈な憧憬と好奇心を有する探検家であったともみなせよう。

次節では、アレクサンドロスからおよそ900年後に、かれと同様に天竺（インド）をめざして、しかしながら、大王とは正反対に西から東へと陸路を旅した中国人僧侶の旅に着目してみよう。すなわち唐時代の高僧、玄奘三蔵である。

三蔵法師の天竺行

河南省陳留県に生まれた玄奘（602‐664）は、幼少時より聡明の誉れ高く、13歳で出家し、洛陽の浄土寺の僧となった。中国四大奇書のひとつ、小説『西遊記』の主人公のモデルとなった実在の人物である。

玄奘が生まれた602年という時期は、日本では聖徳太子の治世であった。玄奘の生年の翌603年は冠位十二階制定、その翌604年は十七条憲法制定といった時代である。また、アラビア半島のメッカ郊外の岩山の洞窟にこもって、のちにイスラーム教を創始する30歳くらいのムハンマド（570ごろ‐632）が瞑想していた時期でもある。

現在、三蔵法師といえば、あたかも玄奘個人を指す俗称として使用されている。だが、じつは経典を蔵にたとえ、経蔵《きょうぞう》、律蔵《りつぞう》、論蔵《ろんぞう》の3種すべてに精通した高僧に対する敬称である。それにもかかわらず、玄奘の固有名詞のように使われるようになったのは、『西遊記』の普及とともに、かれが不世出の仏教僧であったからなのだ。

隋朝末期の戦乱を避けるために、最初は長安に、つぎに成都へ居を移した。622年に成都で受戒したのちも、遊学をつづけ、中国各地の名僧のもとで教えを乞うた。その後、長安に戻り、大乗仏教を学んでいた玄奘が天竺をめざして旅立ったのは629年（627年とも）8月のことである。単身での不法出国であった。

旅立ちの理由は、中国の仏典は中国人が訳したものではなく、しかも異説も多いために、真正の内容が詳《つまび》らかでないからである。それゆえ、玄奘はみずから仏教発祥の地インドで原典を学び、自身で翻訳したいと望んだのだった。

玄奘が進んだルートは、現代では「シルクロード」として知られている。この語と概念を、19世紀後半にドイツの地理学者フェルディナント・フォン・リヒトホーフェン（1833-1905）が「絹の道」(Seidenstraße) として使用したのが最初である。前田耕作氏によると、現在では「アジアを東西に横断・貫通して東方アジアと西方地中海世界とを繋ぐ国際的な交通・交易の道の総称」にして、「この交通・交易路を通じておこなわれた東西文化交流のすべてを包摂する普遍的な文化用語」となっている。

当然ながら、現代でも困難な陸路を西進する玄奘の旅は熾烈《しれつ》をきわめた。たとえばその伝記『大慈恩寺《だいじおんじ》三蔵法師伝』には、雪と氷に覆われた天山《てんしゃん》山脈で同行者10数人が凍死し、多くの牛馬を失ったという記事がみられる。幾度となく盗賊に襲われながら、パミール高原を越えて、インド中部のマガダ国の大寺院であるナーランダー僧院にたどりついたのが632年といわれている。3年におよぶ往路だった。

玄奘の記録によると、６２９年に滞在したバーミヤン王国には3体の巨大な大仏があったとされる。20世紀に確認されていたのは、全長38メートルの東大仏と55メートルの西大仏である。しかし、この2体が２００１年3月にイスラーム主義組織タリバーンによって爆破されたことはまだ記憶に新しい（図1-4）。

ところで、アレクサンドロスが東征途上でおとずれた土地と玄奘の滞在地は、インドやその周辺で重なることも少なくないようだ。現ウズベキスタン東南部のブズガラハナ谷には、玄奘が「鉄門」と記す哨所《しょうしょ》があったことを示す遺構が残っている。『アレクサンドロス大王伝』には、ソグディアナの豪雄と戦ったときに、アレクサンドロスがこの谷を通過したという記述があり、それが「鉄門」だと考えられている。

ほかにも、玄奘はパキスタン北部のインダス川東岸の町タクシラにも滞在した。かれが滞在した時代から９０

図 1-4 バーミヤンの石仏（左）と破壊後（右）

0年ほど以前に、友好的なタクシラ王の歓迎を受けて、アレクサンドロスがひと月滞在した町である。

古代からシルクロードは存在しており、唐の長安からインドを経由して、アレクサンドロスの故郷マケドニアがある地中海世界までつながっていたといえよう。

天竺での仏教研究という念願がかなった玄奘は、数千人の学僧がいたとされるナーランダー僧院の戒《かい》賢《けん》（529-645）のもとで5年ほど大乗仏教を学ぶ一方で（図1-5）、インド各地に残る仏跡を求めて巡礼した（かれがじっさいに旅したかということは疑問視されている）。

多くの仏典や仏像をともなって、玄奘が帰国の途についたのは638年とされている。往路とは異なるルートをとって、ヒンドゥクシュ山脈を越えて、

図 1-5　玄奘が学んだナーランダー僧院の遺跡

タクラマカン砂漠の南方を東へと進んだ。往路と同様に、苦難にみちた旅程だった。クスタナ国で唐の太宗《たいそう》から帰国の勅許を得て、645年に玄奘は運河を舟で航行して、長安へ帰還した。27歳で旅立った三蔵法師は40代前半になっていた。

17年におよぶ天竺往来の旅を終えた玄奘がもち帰ったのは、仏舎利150粒、仏像7体、657部の経典だった。

玄奘の旅の目的は、大乗仏教の経典を取りにいくことにくわえて、インドでの大乗仏教研究だった。現代であれば、「留学」といえるものである。帰国してから、かれはその留学の成果を問おうとした。すなわち、もち帰った経典の翻訳事業に取りかかったのである。17年6ヵ月の作業期間を経て翻訳された仏典は、75部1335巻という大偉業であった。日本に伝わった『般若心経』も玄奘が訳したものだといわれている。

仏典翻訳のかたわら、玄奘はその遠大な天竺行の記録『大唐西域記』を残している。西域とインドの見聞を玄奘が弟子に口述筆記させた地誌的性格が強い旅行記で、全12巻で646年に完成した。

『大唐西域記』の記述は広範囲かつ正確ゆえに、中央アジアやインドの考古学調査には近代でも欠かせない記録であった。19世紀末や20世紀初頭にニヤ遺跡や敦煌を探検調査した考古学者オーレル・スタイン（1862-1943）はその英訳本を携行していた。

玄奘の旅そのものの詳細が記されているのは、のちに弟子の慧立《えりゅう》と彦悰《げんそう》が書いた伝記『大慈恩寺三蔵法師伝』全10巻の前半5巻分である。

玄奘の天竺行と生涯を考えるとき、傑出した実行力とともに、かれ特有のいくつかの性質がみいだされる。

ひとつは仏教学者としての情熱と探究心である。天竺への旅に出る以前からすでに学僧としての名声は確立されていたにもかかわらず、大乗仏教の原典を渇望し、また教義を探究するために、インドまで留学したのである。帰国後の精力的な仏典翻訳作業もふくめて、そのあくなき探究心は類《たぐ》いまれなものだと思われる。

さらには、優秀な情報収集力があげられる。『大唐西域記』に収録されているのは、当時存在した100以上もの国についての情報である。玄奘が旅先の国の情報を入念に収集していたことは、その地誌的情報が基本的に正確だったゆえに確認されている。事前に目的地の情報を得ることで、旅の危険を最小限に抑制しようと意図していたはずである。

最後は交渉力である。玄奘は旅で通過する国の最高権力者たちと面会し、協力を取りつけて、経済的・人的支援を得ることに成功していた事例が多く見受けられる。もちろん、僧としての学識や人格が秀逸だったこともあるだろうが、進む先々の地をおさめる権力者たちの庇護を獲得し、従者や牛馬を随行させてもらい、たいていはキャラバンを組んで、天険の地を踏破したのである。

つまるところ、玄奘の17年にわたる西域への旅は、これらの卓越した才能なしでは完遂できないものだったといえよう。

古代の「観光名所」、世界の七不思議

玄奘がバーミヤン王国に滞在したおりに3体の巨大な大仏をみたのは、前述のとおりである。岩山に彫塑された38メートルと55メートルの大仏2体はまさしく驚異の建造物であって、玄奘を驚嘆させた。

これとおなじく、地中海沿岸地域・オリエントの古代都市にも、巨大な建造物で知られる「観光名所」は存在した。いわゆる「世界の七不思議」である。このばあいの「不思議」とは、英語「ワンダー」が意味する「驚異をあたえるもの」、すなわち「驚異をあたえる建造物」をいう。

紀元前5世紀、ギリシアの歴史家ヘロドトス（生没年不詳）が最初に「世界の七不思議」と

いうことばを使ったとされている。そののち、紀元前225年にビザンティウムの数学者フィロン（紀元前260－前180）、紀元前130年ごろにシドンの詩人アンティパトロス（紀元前2世紀後半－前1世紀初頭）も「世界の七不思議」を選出している。

時代や記録によって異同はあるものの、中世までは一般的に以下の7都市の巨大建造物を指した。これらの「七不思議」はそれぞれ、キリスト教やイスラーム教が台頭する以前の古代の土着信仰によって建造されたものばかりである（図1－6）。

ギザの大ピラミッド（エジプト）
バビロンの空中庭園（イラク）
エフェソスのアルテミス神殿（トルコ）
オリンピアのゼウス像（ギリシア）

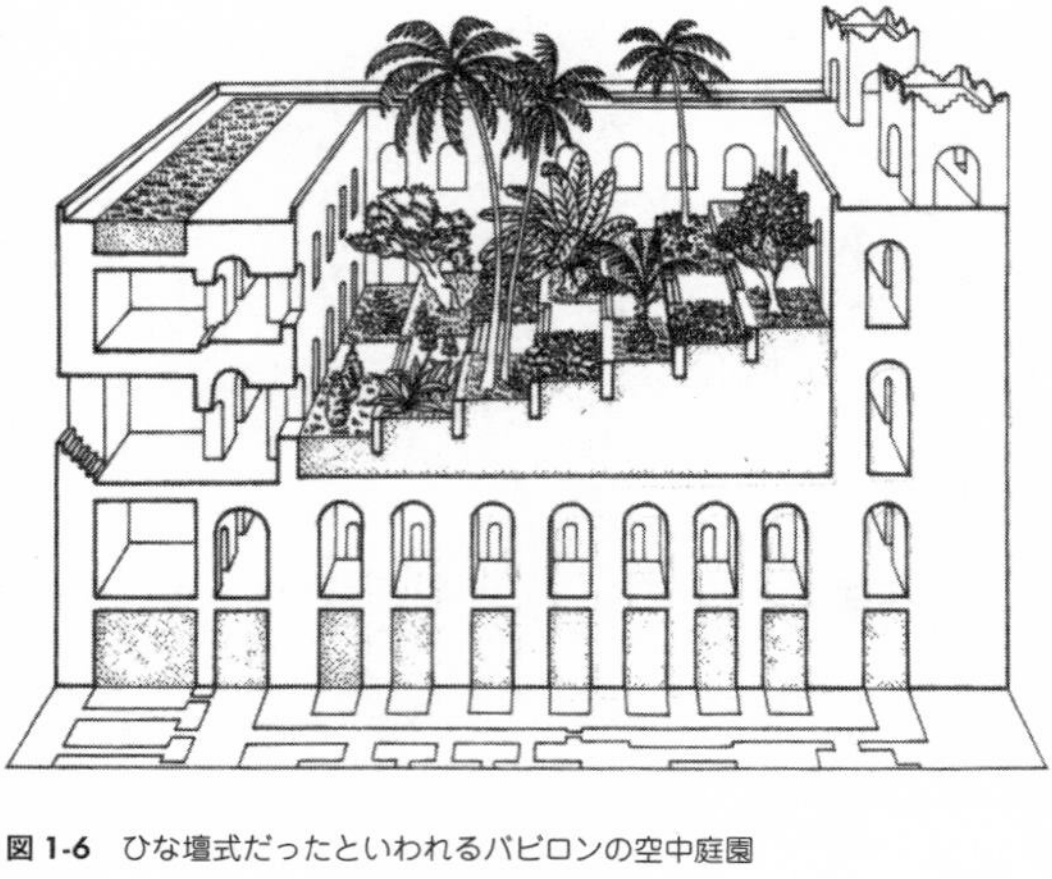

図 1-6　ひな壇式だったといわれるバビロンの空中庭園

ハリカルナッソスのマウソロス霊廟（トルコ）
ロードス島ロードスのヘリオス巨像（ギリシア）
アレクサンドリアの大灯台（エジプト）

これらのうちで現存しているのは、エジプトのギザの大ピラミッドのみであって、ほかは伝承や廃墟のみが伝わっているだけである。

この大ピラミッドは、第4王朝2代目のクフ王のためにつくられたもので、4000年のあいだ、世界最高を誇る建築物であった。データだけでも、その異様さがよくわかる。

完成時の高さは146メートル、重量500万トン以上とされ、積み上げられた石材の数は200万個以上、建造地の面積5・15ヘクタールはテニスコート200面相当と、なにもかもが規格外のスケールである。その比類なさは、現代のエジプトでも最大の観光資源となっている。

このピラミッドに代表されるように、人びとは古代からずっと巨大建築物や巨像をみては圧倒されてきた。ただ存在するだけで人間を驚嘆させる巨大なモノたちは、非日常的な風景の最たるものなのである。

A GLOBAL HISTORY OF TRAVEL

第2章

中世

世界を旅する職業人たち

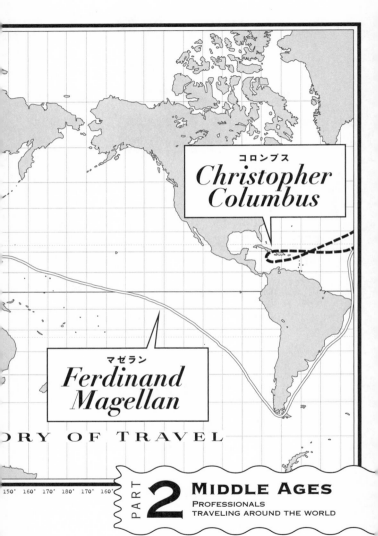

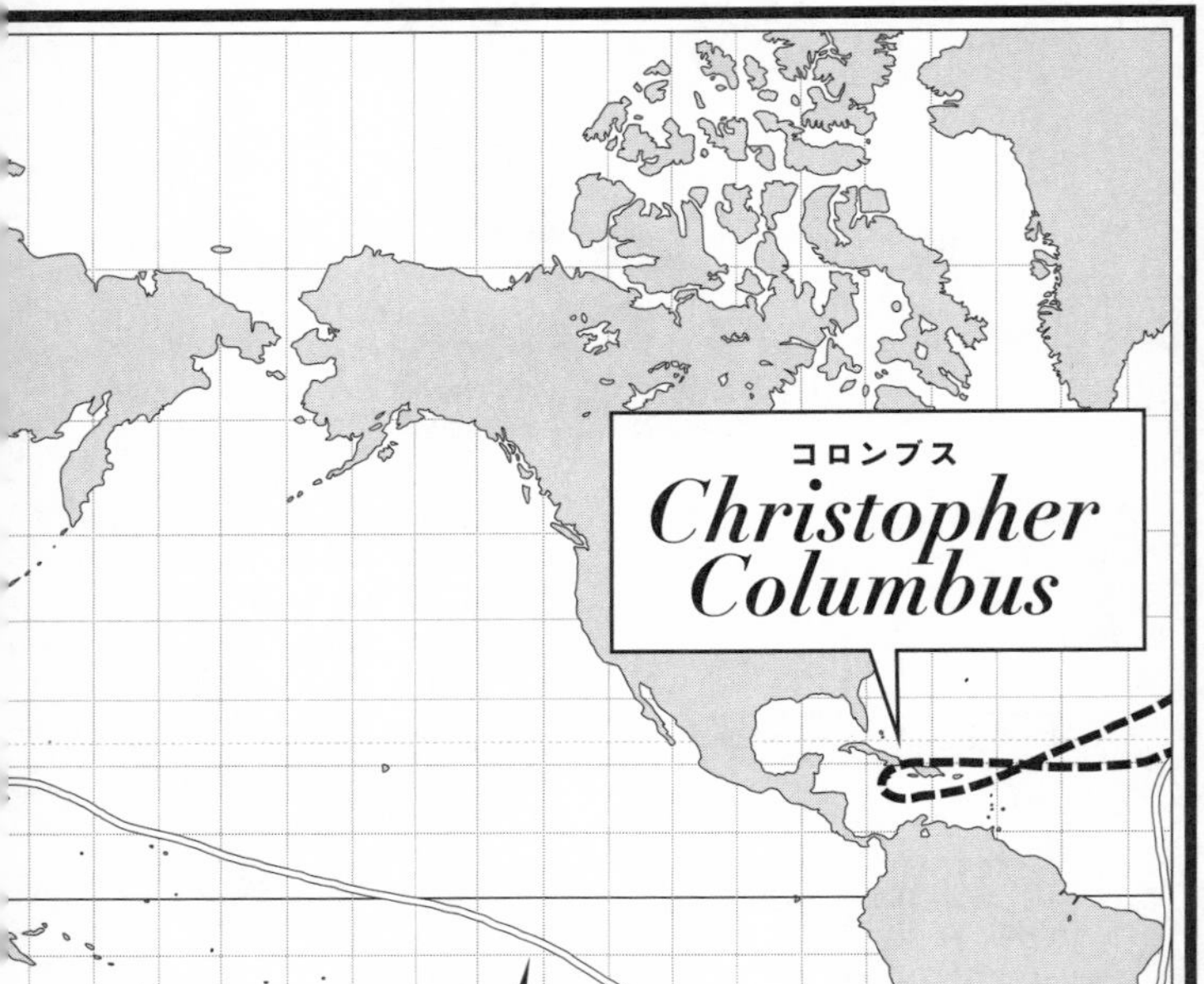

PART 2 MIDDLE AGES

PROFESSIONALS
TRAVELING AROUND THE WORLD

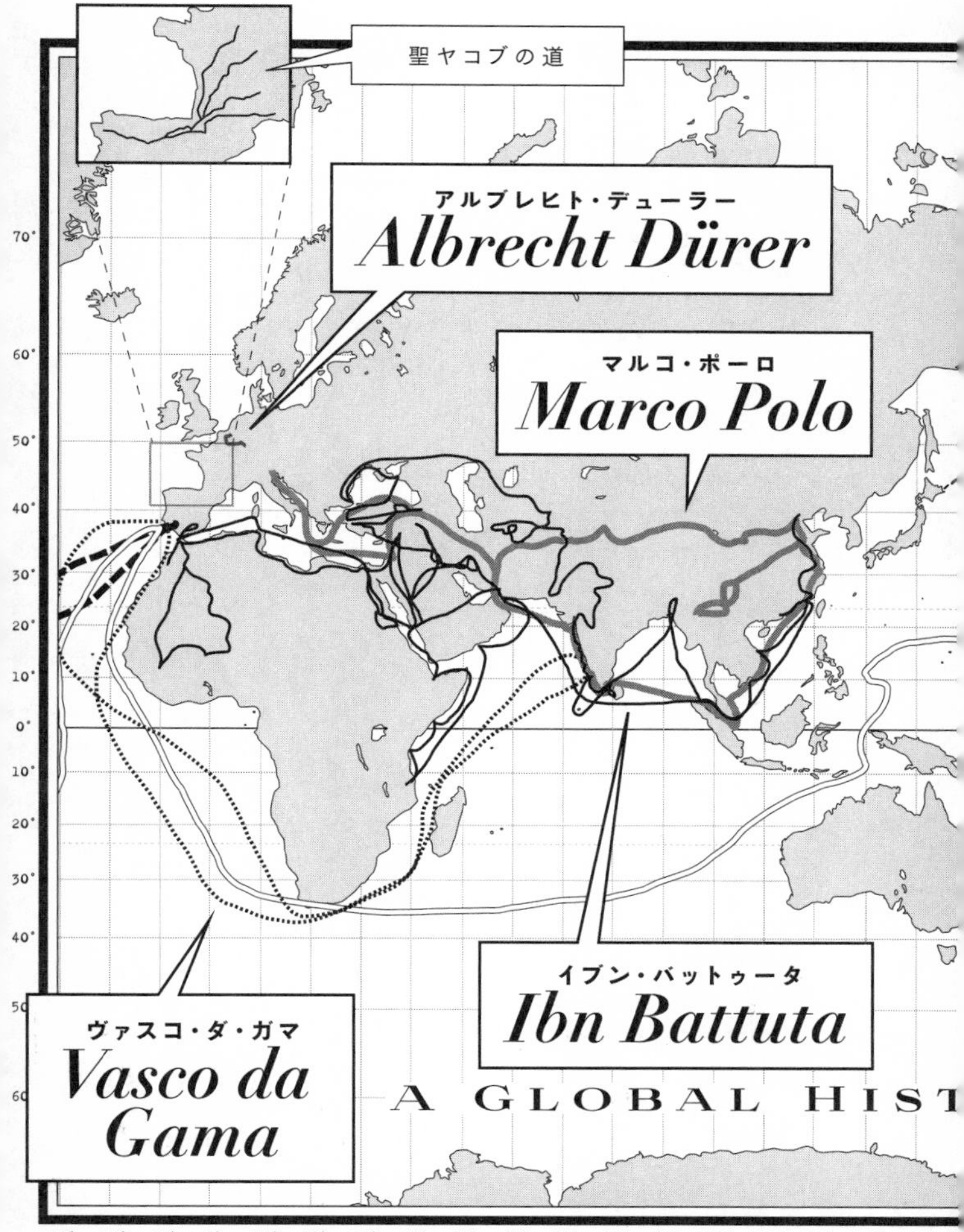

聖ヤコブの道
アルブレヒト・デューラー
Albrecht Dürer
マルコ・ポーロ
Marco Polo
イブン・バットゥータ
Ibn Battuta
ヴァスコ・ダ・ガマ
Vasco da Gama
A GLOBAL HIST

現代人が思うよりも、中世とは聖職者、学生、商人、職人、芸人、ロマ（ジプシー）といったあらゆる身分の人びとが移動した時代であった。そして、キリスト教徒やユダヤ教徒のみならず、イスラーム教徒も巡礼に旅立った。

現代でもサブカルチャー・コンテンツをめぐる種々の「聖地巡礼」がおこなわれているが、巡礼者の来訪や滞在が現地周辺での経済効果を生みだすのは、中世から変化することのない旅行ビジネスのありかたといえよう。

とはいえ、中世の旅は危険でみちていた。悪天候、伝染病、猛獣、詐欺、強盗殺人などのたくさんの災いが旅人を待ちうけていたのである。

その一方で、ユーラシア大陸を横断するほどの遠大な旅から帰還する者たちがいた。中世のヨーロッパの人びとにとって、インドや中国はほとんど幻想のような国であって、そうした国々の土地を踏んで帰ってきた者は「冒険者」と呼ばれた。かれらが残した旅行記は奇想天外な異国の情報を伝える書物でもあった。

「冒険者」として知られるマルコ・ポーロやイブン・バットゥータは陸路から中国へ旅したのに対して、ヴァイキングの人びと、コロンブス、マゼランなどの航海者たちは海路でアジアや未知なる土地をめざした。これらの人びとの旅に共通しているのは、遠方との交易や植民地建設といった投機的な旅であったことである。

旅は病原体も運ぶ

昨今のコロナ禍において、人びとの移動がいかにウイルス感染症を拡大させるかということが、どれほどメディアで喧伝されただろう。くわえて、人の流れが停滞すると、経済活動まで停止してしまうことに、世の耳目が集まったのもいうまでもない。

この問題は、時代を中世に、コロナウイルスを伝染病ペスト（黒死病）に置き換えることができるほど、普遍的なものである。

ペストは、ペスト菌の感染で発症する感染症である。クマネズミなどの齧歯《げっし》類がペスト保菌生物であって、これに寄生しているノミに人間が刺されることで感染する。数日の潜伏期間後に発病すると、高熱、頭痛、悪寒、嘔吐で苦悶したのちに、黒紫の大きな斑点が皮膚にあらわれて死亡する。それゆえ、黒死病と呼ばれた。

1347年にコンスタンティノープルで、ペストが最初に確認される。このの ちに西ヨーロッパへと流入し、翌1348年にイタリア、スペイン、フランス、イギリス、ドイツ、さらに1349年にはスウェーデン、ポーランドにまで感染地域を拡大していった。

その原因は、11世紀以降の中世ヨーロッパには都市ネットワークが整備されて、商業ルートが確立されていたからであり、交易の積荷とともに、ペストを保菌したクマネズミ類が移動したからである。

たとえば、イギリスの詩人ジェフリー・チョーサー（1340ごろ‐1400）が14世紀に書いた『カンタベリー物語』は、イギリス東南部の巡礼地として名高いカンタベリー大聖堂への巡礼が描かれている。

巡礼の途上で、宿屋で同宿した巡礼者たちが退屈しのぎに自分が知っている物語を順番に語っていくという物語設定だが、かれらの職業や身分は騎士、粉屋、料理人、法律家、托鉢僧、貿易商、医者、免罪符売り、船長、尼僧院長など多岐にわたっている。

キリスト教が根づいた中世ヨーロッパでは、巡礼者が聖地をめぐり、商人や手工業者、遍歴職人のみならず、聖職者、修道士、学生、傭兵、騎士といった職業の人びともおなじく放浪した。その一方で、中世は多様な移動目的にしたがって、人間、物資、金銭、技術、情報、思想が（病原菌もふくめて）活発に交換された時期であった。

くわえて、この中世という時代には、イスラーム教徒が領する聖地エルサレムへむけて、西ヨーロッパのキリスト教諸国が11世紀末以降、大規模な遠征軍を何度も派遣している。

すなわち、十字軍遠征である。これによって、近東のイスラーム諸国から築城術のほか、さまざまな文化が西ヨーロッパへと伝来したのであり、ヴェネツィアやジェノヴァを中心とする地中海貿易はさらに隆盛することにもなったのだった。

1 巡礼者たち

巡礼の起源

巡礼とは、現代的にたとえると、パワースポットをおとずれる旅である。なにゆえに、巡礼はおこなわれたのか。巡礼者が範としたのは、福音書記者ルカの記述である。

「さて、両親は過越祭《すぎこしさい》には毎年エルサレムへ旅をした。イエスが十二歳になったときも、両親は祭りの慣習に従って都に上った」（ルカによる福音書2章41－42節）。

すなわち、当時のユダヤ人たちは毎年、ユダヤ教3大祭のひとつ過越祭を祝うために、大都市エルサレムにおもむく慣習があり、イエスとその両親もまた、それを毎年の慣例としていたことを伝えている。こうしたイエスの一家を見習って、熱心なキリスト教徒たちは聖地への旅に出立したのだ。

とはいえ、『新約聖書』には、旅の苦労を残した使徒もいる。キリスト教回心後に伝道の旅をつづけた使徒パウロである。

「苦労したことはずっと多く、投獄されたこともずっと多く、鞭打たれたことは比較できないほど多く、死ぬような目に遭ったことも度々でした。ユダヤ人から四十に一つ足りない鞭で打たれたことが三度、石を投げつけられたことが一度、難船したことが一度。しばしば旅をし、川の難、盗賊の難、同胞からの難、異邦人からの難、町での難、荒れ地での難、海上の難、偽《にせ》の兄弟たちからの難に遭い、苦労し、骨折って、しばしば眠らずに過ごし、飢え渇き、しばしば食べずにおり、寒さに凍え、裸でいたこともありました」（コリント人への手紙2、11章23、26－27節）。

この箇所には使徒パウロが数十年間で経験した旅の苦労、人災と天災が非常に具体的に記されており、旅にはいかにたくさんの困難辛苦がともなうかという現実を巡礼者に突きつけるのである。

そもそも、旅を意味することばの来歴を調べると、こうした旅の現実にたどりつく。フランス語の voyage はラテン語由来で、その語源の viaticum とは、道（ラテン語で via）にとって必要なもの、すなわち旅費をいう。

英語の journey は、ラテン語 diurnum が語源で「1日で達成される」という意味である。有名なのは travel で、これはフランス語の「骨折り、仕事」という意味の travail が起源である。

つまり、旅とはけっして楽しくはなく、むしろ辛く困難をともなうものなのだった。それでも、キリスト教徒たちはルカの福音書の記述を模範として、巡礼に旅立ったのだ。

聖地を求めて

巡礼者たちは聖地のほか、使徒や殉教者の墓をおとずれた。とりわけ、キリスト教徒にとってもっとも聖なる地であったのは、パレスティナ地方とエルサレムだった。なんといっても、イエスその人が暮らし、受難し、死んで復活した地だからである。

とはいえ、十字軍の影響力があった12、13世紀をのぞけば、土地の者やイスラームの権力者の脅威にさらされて、中世最大の巡礼地エルサレムへの巡礼は困難にみちた危険な旅であった。

それと比較すると、ヨーロッパの巡礼地はまだ旅程の難度は低かった。なかでもローマは特別である。西欧キリスト教会を統率する都市であり、ペテロ、パウロを嚆矢《こうし》とするたくさんの殉教者が眠る聖なる場所でもあったからだ。

ドイツでは、アーヘン、トリーア、アルトエッティングなども人気の巡礼地であった。アーヘンの聖母教会にはマリア、イエス、ヨハネにまつわる聖遺物4点が秘蔵され、世界遺産に登録されたトリーアの聖ペテロ大聖堂の礼拝堂には、イエスが断食のさいに着用していたという「聖衣」が納められていた。

アルトエッティングには「慈悲の礼拝堂」(Gnadenkapelle) があり、その奥に立っている木製の聖母マリア像に祈願するために巡礼した。かつてこのマリア像に事故で致命傷を負った男児がお祈りをして、一命を拾ったという逸話があるからである。

エルサレム、ローマにつぐ人気の巡礼地は、イベリア半島北西部ガリシア地方のサンチャゴ・デ・コンポステーラである（図2-1）。最盛期の12世紀には、年間50万人

図 2-1　サンチャゴ・デ・コンポステーラ大聖堂

の巡礼者がいたとされる聖地である。この都市で崇拝されたのは、使徒として最初に殉教したとされる聖ヤコブ（サンチャゴはスペイン語で聖ヤコブの意）で、弟のヨハネとともにイエスに服した。伝説によると、聖ヤコブの墓が813年に当地で発見されたという。巡礼者たちはその遺骸が眠る墓に詣《もう》でた。

このサンチャゴへの巡礼ルート「聖ヤコブの道」の中継地として栄えたのがスイス北部の都市アインジーデルンである。その修道院には「黒いマリア像」があり、巡礼者はやはりご利益《りやく》にあずかるために祈念した。

巡礼に旅立つ者たち

巡礼にもっとも必要とされたのは、通行証、許可証、健康証明書などの証明書類で、巡礼者たちは現金と同様に隠して携行した。

巡礼者は必ずしも男性だけではなかった。12世紀から15世紀の400年間でヨーロッパの成人人口の2割から5割が約1万ヵ所あった巡礼地をおとずれており、そのほぼ半数が女性であったと試算されている。

たとえば、『エゲリア巡礼記』はおそらく381年から384年に聖地エルサレムに巡礼した女性エゲリアが残した巡礼記であって、女性による最初の旅行記である。英語で記された最古の女性自伝『マージェリー・ケンプの書』の著者も女性巡礼者だった。イギリスの神秘主義者かつ幻視者マージェリー・ケンプ（1373ごろ-1438以後）は商人の妻だったが、結婚2年後の1413年にひとりでエルサレム巡礼に旅立っている。この巡礼の回想を、およそ60歳のときに読み書きができなかったケンプ夫人が司祭に口述筆記させたものが自伝として伝わった。

また、中世の主要な巡礼地であったケルンの市章は現在、上部は3つの王冠、下部は11の魂をイメージするデザインになっている。そのうち、王冠3つはイエス懐妊を聖母マリアに伝えにきた東方の三博士を意味しており、その遺骨はケルン大聖堂の聖遺物でもある。下部の11個の魂のモチーフは、ブリテン王息女のウルスラとともに殉教した1万1000人の処女のシンボルとなっている。

ウルスラと処女たちはローマに巡礼した帰路に、ケルン近郊で蛮族に襲撃されて殉教したという伝説にもとづくのだが、じっさいに巡礼の旅に出た女性がいたことを伝えているといえよう。そのなかには、子連れの女性も少なくなかったのは、病気や障害に苦しむ子どもの回復を信じて、巡礼に旅立ったからである。

同様に、イエスが多くの病人を治癒させたという奇跡を信じる者たちは、聖地へおもむいた。トゥールの聖マルティヌス（316または336-397）は、そんなかれらにとっては特別な聖人だった。かれがハンセン病、夢遊病、癲癇《てんかん》、虚弱などを治療した伝説ゆえに、かれの遺骸が眠るフランス中部のトゥール（現アンドル＝エ＝ロワール県）の大聖堂へ、病に苦悩する巡礼者たちは奇跡を求めて来訪したのだった。

本人が巡礼できないばあいには、代理の巡礼者が派遣されることも多かった。その一方で、贖罪《しょくざい》巡礼といって、犯した罪を償うための巡礼もおこなわれたのであり、体《てい》のいい追放でもあった。

旅の苦難

とはいえ、巡礼者たちは、道中の困難を克服できるだけのたくましい体質でなければならなかった。炎天や厳寒などの悪天候、飢渇、疾病、害虫に忍耐し、泥棒、追い剝ぎ、強盗、殺人者、海賊などを退かさなければならないのである。

馬、ラバ、ロバなどが富裕層の乗りものであるのは、厩舎、餌、手入れなどで自身に匹敵する費用がかかるからだ。病気や虚弱の巡礼者だけが四輪の車に乗ったが、たいていは徒歩だった。

重荷に耐えうる強靭な馬を規則的に乗りかえるという旅だと、1日で50から60キロを進むことが可能だった。しかし徒歩となると、1日平均25キロにみたず、1日30キロだとかなり優秀である。川や山を越えていくこともあれば、旅程の進度がどんどん遅くなるのはいうまでもない。

巡礼者たちは修道院、ホスピス（キリスト教団体が運営する宿泊施設）、シュピタール（慈善院）などに宿泊できた。また、中世初期から多様な目的のために自発的に団結してきた「兄弟団」と呼ばれる共同体があって、この兄弟団によって巡礼者たちは助けられ、巡礼が奨励されてきたのである。

中世後期以降には、旅程1日分やそれ未満の間隔に宿屋があるといった塩梅で、都市や田舎の開拓地、渡船場所、峠や山のふもとなどに、宿屋が設けられていた。

さまざまな条件の異なる部屋があてがわれたが、干し草のなかで眠ることも少なくなく、ベッドがあったとしても他人と共有したし、蚤《のみ》などの害虫のほかに、家畜のうるさい鳴き声、野獣の遠吠えを我慢して眠らなければならなかった。

しかも、宿屋はけっして安全ではなかった。低質な食事やワインを高額で提供されるなどの詐欺なども頻繁におこなわれており、窃盗、横領、殺人までこと欠かない。

ジェノヴァ大司教ヤコブス・デ・ウォラギネ（1228または29－98）の『黄金伝説』（1264年ごろ）には、フランス南西部のトゥールーズで、ドイツ人親子に窃盗の罪を着せた宿屋の亭主のエピソードが掲載されている。亭主の銀杯が父と息子の荷物から発見されて、裁判によって息子が絞首刑に処されてから、父親はひとりで旅をつづけたが、36日後に戻ってみると、聖ヤコブの励ましを受けて、息子は縄にかけられたまま、生きていたという奇跡が起こる。最後には、息子のかわりに、宿屋の亭主が吊るされたという結末である。

この物語は、聖ヤコブとその巡礼地サンチャゴへの巡礼を奨励し、この聖人の加護があることも宣伝しているのだが、宿屋の亭主による犯罪行為が日常的におこなわれていたことも伝えていると思われる。

巡礼の徴と記念

幾多の困難を耐え忍びつつ、ついに巡礼地に到着したキリスト教徒たちは、まずは聖人の近くでしばし過ごした。教会、祭壇、墓所をおとずれ、聖地周辺の光景も眼に焼きつける。そして帰りぎわには、その記憶を永久にとどめるための証明を求めた。

キリスト教最古の巡礼地エルサレムでは、イエスの血が流された聖なるゴルゴタの丘の土や石、イエスのエルサレム入城のさいに人びとがもち寄ったとされる棕櫚《しゅろ》や棗椰子《なつめやし》の枝、ヨハネがイエスに洗礼をおこなったヨルダン川の水、マリアが汲んだという伝説が残るナザレの泉をもち帰った（当然ながら、現地では迷惑行為とされた）。

サンチャゴ・デ・コンポステーラでは、貝殻が求められた。というのも、サンチャゴから西へ2日の距離にある大西洋に面したフィニステレの産物で、聖ヤコブの地にいた証として、あらゆる危険を追い払うと信じられていたからである。現在でも、この地に巡礼する者は貝そのものやモチーフをかならずどこかにつけている（図2-2）。

中世後期になると、巡礼地それぞれで、独自の巡礼の徴《しるし》が金属を鋳造してつくられるようになった。ローマの巡礼の徴はペテロとパウロが描かれた標章となっている。活版印刷技術の発明者といわれるヨハネス・グーテンベルク（1400ごろ-48以前）は巡礼の徴を製作する金細工師だったが、その経験が発明に役立ったという。

図 2-2　フランスのオータン市サン・ラザール大聖堂のティンパヌム部分にある彫刻、旅行カバンに十字架やホタテ貝をつけた巡礼者たち

巡礼の徴を購入した巡礼者たちはそれを帽子につけて、帰路についた。もちろん、革袋、革袋につめられたワイン、靴と靴ひも、財布、ベルトなど帰路に必要な旅の備品も巡礼地ですべて調達できた。現在の観光ツーリズムの原型がすでに完成していたといえよう。

19世紀になっても、新しい巡礼地は生まれた。19世紀中盤の1858年に聖母が出現したことで、カトリックの巡礼地となったのはピレネー山麓の町ルルドである。新しい交通網としての鉄道が整備された時期であったゆえに、フランス南西部のピレネー地方が1867年にフランスの鉄道網に編成された結果、ルルドの人気はさらに火がついたのだった。すなわち、鉄道を使用した新しいツーリズムにして、新しい巡礼が確立されたのである。

巡礼そのものは21世紀にあっても、なお西欧では関心が非常に高いようだ。ドイツの人気コメディアンのハーペ・ケルケリング（1964-）が2001年にサンチャゴ・デ・コンポステーラへの巡礼をおこない、その旅行記を2006年に出版した。2邦訳もされたこの巡礼日記は同年に200万部を発行した大ベストセラーとなった。

008年5月には300万部を突破し、2015年に映画化された。ケルケリングの著作のおかげで、サンチャゴへのドイツ人巡礼者が2007年と翌年にはとくに急増したといわれている。

人気タレントの巡礼日記とはいえ、現在でも西欧圏での巡礼に対する関心の高さがうかがえる社会現象である。

遍歴職人は修業の旅に出る

ヴァンダーゲゼレ（Wandergeselle）、ヴァンダーブルシェ（Wanderbursche）と呼ばれた「遍歴職人」とは、その名のとおり、旅をする職人のことである。

親方になるまえに、まだ経験が浅い若い職人が他国で雇われて、新しい技術を習得するために、数年間の修業の旅をおこなったのだ。かれらはイギリスやスカンディナビア半島、東欧やバルト地方からロシア、スペイン、イタリアまで、ヨーロッパを広範に旅した。

とはいえ、職人が遍歴したのには、もっと現実的な問題もあった。とりわけ15世紀半ば以降に遍歴が職人たちに義務化された理由は、この時期、諸都市の人口増加が頭打ちとなって、都市経済の発展が望めなくなった結果、親方の人数も上限に達していたことによる。

つまり、徒弟として修業をおさめた職人が毎年、誕生するものの、親方のポストが保障されなくなったのだ。そこで考案されたのが「修業のための遍歴」であった。15世紀中期から設置されていった職人宿では、その都市にやってきた遍歴職人たちに対して宿泊所および飲食物が無償で供与されて、かれらは当座の職も斡旋してもらえたのである。

歴史的には、遍歴職人がはたした役割は大きい。たくさんの職人がヨーロッパ各地をわたり歩き修業することで、各国の技術水準の向上と平均化をもたらした。職人たちは手工業の技術のほかに他国や諸都市の言語、文化、特徴的な習慣や風習を学び、それをまたほかの地へ伝えていったのである。

リヒャルト・シュトラウス（1864-1949）の交響詩『ティル・オイレンシュピーゲルの愉快ないたずら』（1895年）は、民衆本（15世紀中葉から17世紀末までドイツで流行した通俗的読みもの）が原作で、主人公ティル・オイレンシュピーゲルがドイツの諸都市を中心にヨーロッパ各地を遍歴しながら、苛烈ないたずらをしでかしては去っ

図 2-3　遍歴職人が主人公の物語『ティル・オイレンシュピーゲルの愉快ないたずら』の表紙

ていく物語である（図2‐3）。

オイレンシュピーゲルが職人として、さまざまな手工業の親方のもとで奉公する物語も多く収録されているのは興味深い。鍛冶屋、靴屋、織物屋、毛皮屋、ビール醸造業者、パン屋など、さまざまな職の親方が登場するが、同時代の種々の職人とその仕事内容を伝えてくれている。

放浪芸人と遍歴学生

中世のヨーロッパ社会では、身分や階級が固定されていたが、そのどれにも属さない集団があり、そのなかにラテン語で「ヨクラートル」(joclator) と呼ばれる芸人たちがいた。かれらは定住しない流浪の人びとで、リュート弾き、笛吹き、道化者、猛獣使い、踊り子、曲芸師などがふくまれる（図2‐4）。また、「楽師、放浪芸人、旅芸人」を意味する「シュピールマン」(Spielmann) とも呼ばれた。

これに対して、宮廷から宮廷をわたり歩く王侯おかかえの宮廷楽師は「メネストレル」(menestrel) といって、法的保護を受けることもあった。

放浪芸人を現代の日本でたとえると、盛り場や路上でさまざまなパフォーマンス（大道《だいどう》芸《げい》）をみせる大道芸人である。あるいは的屋《てきや》や香具師《やし》に相当するだろう。盛り場や縁日など人出が多い場所に店を出して、いかがわしい物品を売る商人のことだが、放浪芸人たちは町や村をわたり歩き、祝祭日などに人びとに芸をみせて、見物料を稼ぐのである。

一般に、放浪芸人は広場や年の市、教会の入口まえ、飲食店で芸を披露したり、結婚式や葬式、祝祭、祭りの行列などでも雇われた。ひと目でそれとわかる奇抜な衣装、髪型、アクセサリーを身につけていた。

リラなどの弦楽器を演奏し、英雄叙事詩を歌う。芝居をつくり、みずから演じる。クマ、サル、ヒツジ、イヌなど調教した動物の芸をみせる動物使い、ナイフ投げ、アクロバティックな馬上での曲芸など、

図 2-4　年の市で人目をあつめる熊使いや楽師たち

かれらの芸能は多様であった。

ところで、すべての放浪芸人の出自が低かったわけではない。若い貧乏貴族や没落した老貴族、戦乱によって領土を失った貴族なども、放浪の人びとにくわわった。

貴族階級の芸人として代表的なのが、叙情詩人ヴァルター・フォン・デア・フォーゲルヴァイデ（1170ごろ-1230ごろ）である（図2-5）。ドイツの騎士階級に生まれたものの、封土をもたなかったために、遍歴の旅をつづけて、たくさんの宮廷で歌をつむいだ。最終的には、パトロンであるホーエンシュタウフェン家の王にして神聖ローマ帝国皇帝フリードリヒ2世（1194-1250）から、報酬として所領を分与されるという栄誉を受けた。

詩人として名高いオスヴァルト・フォン・ヴォルケンシュタイン（1377ごろ-1445）も騎士階級出身で、ドイツ皇帝にもつかえたが、遍歴生活を長らく送った。ハイデルベルクの宮廷では歌人として歌をつくり、フィドルやトランペットといった楽器をみずから演奏することで報酬を得ていた。

市民階級出身の放浪芸人も少なくない。商人や職人の

図2-5　放浪の詩人ヴァルター・フォン・デア・フォーゲルヴァイデ

息子たちが才能を開花させたり、安定した都市市民としての地位を冒険心からなげうつ者もいる一方で、賭博で全財産を失った結果、芸人として生計を立てる者もいたのである。

放浪芸人のなかには、遍歴学生（放浪学生）たちも見受けられた。そもそも中世ヨーロッパの学生はたいてい市民や農民の出身であり、専門学識を習得して、ラテン語学校やギムナジウムといった中等教育機関での教授職のほか、司祭などの聖職者になるというキャリアアップをめざした。

ヴァガボンド（放浪者）と語源をおなじくする「ヴァガント」(Vagant)、あるいは「ゴリアルドゥス」(Goliardus)とは「遍歴学生」のことで「放浪する聖職者」を意味している。学識があるゆえに、吟遊詩人たちのラテン語の歌を貴人の宮廷で朗唱できた。

かれらが放浪したのは、司祭の職にすぐに就くことができないばあい、困窮して、旅に出ざるをえなかったからである。旅先でその教養を「芸」として武器にできた遍歴学生は、修道院や宮廷で宿や食事を得るために、詩を歌うほか、放浪して獲得した遠方の地域の情報を語った。

中世に遍歴する学生たちが増加したのは、大学新設があいついだことによる。巡礼の旅をしながら、町と大学をわたり歩いた。学業をなしとげることもなく、芸人として遍歴しつづける者も少なくなかった。

『放浪学生プラッターの手記』（阿部謹也訳）には、7、8人の徒党を組んで放浪する遍歴学生たちが描かれている。村のガチョウを盗もうとしたり、殺人者や強盗と出会ったりと無頼の生活を送り、学校に通うことなく、町中で歌を歌える者は歌って回ったり、物乞いをして歩いた。

無法なふるまいをつづけた遍歴学生も多かったために、勅令や通達が頻繁に発せられた。ある教会法では、聖職者が遍歴学生や放浪芸人と長期間ともに連れ立ったときには、聖職者としての権利と地位をすべて失うと規定されている。

デューラーのネーデルラント旅行

アルブレヒト・デューラー（1471-1528）はドイツ・ルネサンスを代表する画家として知られている。かれが1520年7月から翌年7月までの約1年間、ネーデルラント（現ベルギー、オランダ）の諸都市を回遊する旅に出た。

その『ネーデルラント旅日記』は、旅行中の収支明細を記した出納簿でありながら、旅程、見聞などを記した日記でもある点で非常に興味深い。というのも、同時代の旅の収支を知ることができるからであり、とりわけ、デューラーは同時代ではドイツでもっとも著名な画家のひとりだったために、その旅行も富める者特有のものとしての事例となるだろう。

一般的に中世後期とは1300年から1500年までの時期をいい、このデューラーの旅そのものは1520年におこなわれているために、厳密にはルネサンス初期にあたるが、あえて20年の誤差に目をつぶって、かれの旅の詳細と経費を紹介してみたい。

デューラーの旅の目的は、当時の神聖ローマ帝国皇帝マクシミリアン1世(1459-1519)の依頼で制作した作品群の報酬分の年金が、皇帝急逝のために未払いとなっていたため、現在はベルギーとオランダの国境に接している都市アーヘンでの新帝カール5世(1500-58)の戴冠式にみずから参上して、問題を解決することにあった。

とはいえ、かれがアーヘンへ直行せず、アントウェルペンへむかったのは、未払い年金の交渉の根回しのために、当時の首都メヘレンに居城をもつ新帝の叔母であったネーデルラント摂政マルガレータ女公(1480-1530)との人脈づくりのためであったとされる。

1520年7月12日、デューラーは夫婦連れ立って、女中もひとり同行させて、故郷ニュルンベルクを旅立った。初日は自身の大量の贈答用作品を携行した少人数での旅であるために、護衛を雇っていた。翌日にニュルンベルクの北方に位置する司教都市バンベルクへと到着、司教に油彩画《聖母》と銅版画数点を贈呈すると、通関券1枚と紹介状3枚、宿代を返礼として受け取っている。

バンベルク市内を流れるレグニッツ川は北7キロでマイン川に合流しており、フランクフルト経由で、マインツまで船で下る旅程である。当時、ドイツ国内には約300国の領邦国家が存在しており、船旅のばあい、マイン川の沿岸の港では国がかわるごとに通関税を支払うという税関システムである。

これが旅人たちに旅費の大きな負担を強いたのはいうまでもないが、ここでは、バンベルク司教からたまわった通関券が最大限の効力を発揮した。『ネーデルラント旅日記』には、ライン川に入るまでの船旅のあいだ、「無税で（zollfrei）」、「通関券（Zollbrief）をみせると、通してくれた」といった内容の文面がくりかえされている。

だが、それもマイン川とライン川の合流地点にある司教都市マインツまでのことだった。マインツから大聖堂で知られるケルンまでのライン川の船旅では、たびたび通関税を徴収されている。バンベルク司教の通関券はマイン河畔までしか通用しなかったのだ。

ケルンからは陸路で西方のアントウェルペンをめざした。このネーデルラント最大の都市に到着したのは8月2日のことである（図2－6）。この大都市で同業者たちと交流しつつ、著名人たちの肖像画を描いたり、持参の作品を寄贈または販売しながら、観光を楽しんだ。

8月26日に、デューラーは馬車でネーデルラント首都メヘレンに来訪し、マルガレータ女公お気に入りの彫刻家コンラート親方にくわえて、画家1人を夜食に招待した。翌27日のブリュッセル到着以後6日間、新帝の戴冠式のために滞在していたニュルンベルク市参事会員や諸国の貴顕たちと会食を重ねたのは、懸案の年金継続給付の確証を得るためである。

メヘレンのマルガレータ女公がブリュッセル滞在中のデューラーのもとに使者を派遣して、かれの年金問題の弁護を確約したとの旨を伝えた。安堵したかれがメヘレン経由でアントウェルペンへ戻ったのは9月3日である。

図 2-6　デューラーが描いたアントウェルペンの港
（1520 年、アルベルティーナ蔵）

これ以後、デューラーはこの大都市を基点に、ネーデルラント国内やドイツ西部の都市を周遊する。旅の途上では自身の作品を献上・販売すると同時に、現地でも肖像画素描《デッサン》を中心に芸術制作をしながら、同時代の芸術家や知識人たちと交流した。ふたたび故郷ニュルンベルクの地を踏むのは、旅立ちから1年後の1521年7月のことである。

10月4日にアーヘンへ旅立ち、同月23日には世に知られた大聖堂内でカール5世の神聖ローマ帝国皇帝戴冠式を目撃した。「そこで見たのは、いま生きているだれもが見たことのないほど壮麗なものすべてであって、いっさいは筆舌に尽くしがたいものだった」と、興奮気味に記している。

ちなみに、アントウェルペン滞在中の1521年5月21日に満50歳の誕生日をむかえたデューラーだが、同月3日に宗教改革者マルティン・ルター（1483-1546）が逮捕された事件を13日後に知り、ルターが殺害されたと誤解して、激しく悲嘆する哀悼文を書きつけた。

その一方では、人文主義者デシデリウス・エラスムス（1469ごろ-1536）ともアントウェルペンで数度会って、肖像画を2種残している。キリスト教のありかたをめぐって、ルターと対立したエラスムスは、当時ルーヴァン大学神学教授としてアントウェルペン市に居住していた。

ルターやエラスムスの同時代人デューラーが生きたのは、宗教改革の時代だったのである。

さて、デューラー『ネーデルラント旅日記』に詳細な収支明細が記されていることは前述のとおりだが、解説で訳者前川誠郎《せいろう》氏が当時の通貨価値を日本円で試算しているのが興味深い。

まず1ライングルデン（グルデン）が20ヴァイスペニヒ、24シュトゥーバー、40ヘラー、252ペニヒに相当すると試算する。これを基準として、「ローストチキン1羽10ペニヒ」（7月15日付）を日本円で2000円と換算すると、以下のようになる。

1ペニヒ＝200円
1シュトゥーバー＝2000円
1グルデン＝約50000円弱

たとえば、アントウェルペン市内のホテル「天使城館《エンゲレンボルヒ》」の宿代である。このホテルは当時一流だったらしいが、宿代ひと月分「11グルデン」は約55万円、1泊当たり約1万8000円で妥当な宿泊料だと考えられる。

また、デューラーが宿の亭主と会食したさいの食事代は、飲料代をふくまずに「2シュトゥーバー」だと4000円ぐらいになる。ほかにも、チップは一般的には「1シュトゥーバー」ゆえに2000円ほどとなる。

旅初日に護衛に支払ったのは「22ペニヒ」、すなわち4400円で少額に思われるが、旅の同行ついでということだろう。

交通費では、マインツからケルンまでのライン川の船賃が「3グルデン」、ケルンからアントウェルペンまでの馬車代も同額で「3グルデン」で、約15万円弱である。

しかも、マイン川、ライン川沿岸の港では領地がかわるごとに「2グルデン」、すなわち約10万円弱の通関税を支払わなければならなかったことを想定すると、ルネサンス初期のドイツやネーデルラントでの旅の交通費は、関税も合計すれば、異様に高額であったと推量できるだろう。

デューラーが自分で取引していた作品の値段はどうだろうか。

ネーデルラント滞在中に描いた油彩肖像画で現代に伝わる《ベルンハルト・フォン・レステン》（ドレスデン、州立絵画館蔵）は「8グルデン」で約40万円弱、《ローレンツ・シュテルク》（ボストン、ガードナー美術館蔵）は「20グルデン」で約100万円未満となるようだ。

また、大判の紙に木炭あるいはチョークによる肖像素描の謝金は「1グルデン」、約5万円弱である。前川氏によると、500年後の現代では、デューラーの同様の作品は保存状態が良好なばあい、最低でも1万倍以上の価格となるそうである。

（蛇足ながら、本書で参照したのは2007年刊行の岩波文庫版だが、単行本初版は1996年刊行であることをふまえると、令和の現在だと、10ペニヒが3000円相当と考えてもいいかもしれない。くわえて、前川氏も記しているように、日本の物価が世界最高水準の高さであることも念頭に置くべきである。）

「ジプシー」と呼ばれた人びと

中世に西ヨーロッパへと移住した人びとがいた。かれらは11世紀にはバルカン半島に定着していたとされるが、15世紀になると、ドイツ、フランス、イタリア、スペイン、ポルトガルなどヨーロッパ各地でそうした集団に関する記録がなされるようになった。

かれらの外見的な特徴は、褐色やオリーブ色の皮膚、黒い瞳、黒髪と記されることが多いが、金髪や白い皮膚の人びとも散見されるために、現在では統一的な外見的特徴があるとは考えられていない。

かつては「ジプシー」(Gypsy)と呼ばれたかれらだが、現在では蔑称と認識されているために、この呼称はもはや用いられない傾向にある。それゆえ、「人間、男性、夫」などを意味するロマニ語「ロマ」(Roma)で呼ぶことが増えた。

ドイツではかつて「ツィゴイナー」(Zigeuner)が「ジプシー」に相当する語であったが、ドイツに定着した集団は「ジンティ」(Sinti)と呼ばれるように、それぞれの特定地域に定着した集団ごとに異なる自称も少なくない。

「ジプシー」という語はそもそも「エジプト人」を意味し、「浮浪者・放浪者」の代名詞であり、かれらがエジプト起源であると想起させる。しかしながら、近年の言語学の成果によると、ロマニ語というかれらが使用する言語はインド起源と目されるために、ロマたちはインド系だと一般的に考えられている。

かれらがヨーロッパ中心部へと移動した時代は、中世から近代への移行期でもあった。

数度の十字軍遠征後の封建制の解体、地中海貿易の急成長、近代的な資本主義体制への変遷、英仏の百年戦争（1337-1453）、オスマン帝国のヨーロッパ進出、ペストの流行などによって、ヨーロッパの都市部や街道は、貧民や流民であふれかえっており、各国で問題化していた。

巡礼者をよそおっていたロマたちは当初、喜捨の対象として遇されることもあったが、16世紀にはヨーロッパ各国で排斥令や追放令が一般化されて、かれらへの苛烈な迫害がきわまった。そのため、法から逃れるために、ロマたちはヨーロッパ諸国の国境付近、山岳地域などをつねに移動しつつも、地元住民との接触は継続するという特異な生活様式を確立していくのである。

この数世紀で最大の迫害は、やはりナチスドイツによるものである。１９４０年代には、80万人以上の「ツィゴイナー」や「ジンティ」が強制収容所などで虐殺された。

ところで、ロマがヨーロッパ文化にあたえた影響は枚挙にいとまがないが、スペインのアンダルシア地方で発展した総合芸能フラメンコはその最たるものだと思われる。すでに１８７０年前後には、「フラメンコ」という語がロマの歌謡・舞踊をあらわすことばとして使用されていたという。フラメンコの誕生と発展にロマが多大に寄与していた証左である。

文学では、19世紀フランスのプロスペル・メリメ（1803-70）の小説『カルメン』（1845年）が、作曲家ジョルジュ・ビゼー（1838-75）の1875年初演のオペラでも知られている。タイトルと同名のロマ女性との情熱的な恋愛がスペインを舞台に描かれている。

また、ジプシー・キングスは1980年代以降、世界的に成功をおさめたフランスのバンドだが、バンド名のとおり、そのメンバー全員が親族関係となるロマ家系の出身である。日本ではフジテレビ系時代劇『鬼平犯科帳』シリーズ（1989-2016）のエンディングテーマ〈インスピレーション〉（1988年）が有名である。


現在では、ヨーロッパで暮らし、ローマ・カトリックに帰依するロマたちの巡礼地として知られるのが、南仏プロヴァンスの海辺の町サント・マリー・ド・ラ・メール（海のふたりの聖女マリアの意）である。もちろん、ロマの人びとにとってのみのキリスト教聖地ではない。

イエスの伯母にあたるマリア・サロメとマリア・ヤコベというふたりのマリアと侍女サラが、イエス処刑後にエルサレムから小舟でこの地へと流れつき、病いの人びとをいやしたとされる。これに由来して、サント・マリー・ド・ラ・メールの市章には、小舟に乗るふたりのマリアが描かれている。

毎年5月後半の祝祭では、教会の地下に安置されている侍女サラの木像を海に入れるのだが、この聖サラの木像の顔が黒いために、ロマたちの守護聖人と信じられるようになった。それゆえ、フランス南部やスペインのロマたちがこの時期に巡礼として参集してくるのだ。

その歴史や実態はいまだ謎多きロマであるが、現代ではキリスト教に帰依した者も少なくないのである。

2 冒険者たち

中世には、いわゆる「冒険者」といわれるほど遠路を、それも数十年という歳月をかけて旅する者たちが現れた。西ヨーロッパからはるか東方の当時はキタイと呼ばれていた中国に滞在し、しかも無事に帰国したのに、かれらがした見聞を人びとは信じなかった。あまりにも世にも摩訶不思議な人びとや風習だったゆえである。だが、かれらはそうした驚異の体験を旅行記のなかに伝えた。

あるいは、西ヨーロッパから大西洋を航海して、中国やインドをめざしたが、新大陸アメリカに到達した者、さらに新大陸南端を通りぬけ、ヨーロッパへ帰りついた者。または、西ヨーロッパから南下して、アフリカ大陸南端を東へむかって、インドまでの航路を開拓した者。

かくして、地球が球体であることを海路で証明する者たちがつぎつぎと登場した15世紀末からの100年間が「大航海時代」と呼ばれたのである。

マルコ・ポーロの謎

ヴェネツィア共和国の商人マルコ・ポーロ（1254-1324）の名前と旅行記『東方見聞録』（『世界の記述』とも呼ばれる）のことは、あまねく知れわたっている。かれの旅行記の写本は約140種が残っており、それほど広範に同時代の人びとによって読まれたことが理解される。

父ニコロ、叔父マッテオと旅立ったマルコは、西アジアと中央アジアを陸路で経由して、第５代皇帝フビライ（クビライとも、１２１５-94）が統治するモンゴル帝国まで大旅行をおこなった。しかも、１２６０年代から80年代に十数年も滞在し、皇帝に出仕したという稀有な経歴を重ねたヨーロッパ人であった。帰国にさいしては、海路で東南アジアやインドを旅しながら、１２９５年にヴェネツィアに帰還する。

ところが、マルコ・ポーロ自身の往路の陸路、復路の海路の旅にくわえて、十数年間も滞在したモンゴル国内での生活についても、詳細不明な部分が多い。というのも、当時の中国の文献には、マルコのことが記されていないからである。おなじく、『東方見聞録』の記述にも多くの謎が残されている。

とはいえ、その確かさが証明された例もある。一行が往路で通過したパミール高原は現在のタジキスタン、アフガニスタン、中国などにまたがる平原である。その地に生息する大型の羊についての記述をめぐっては「アルガリ種」としての実在が確認されて、イギリスの動物学者エドワード・ブライト（１８１０-73）が１８４０年に「マルコ・ポーロ羊」と命名した。

マルコの旅には、前史がある。すなわちマルコの父ニコロ、叔父マッテオのポーロ兄弟による陸路での東方旅行である。

1260年、ヴェネツィアを発した兄弟は、第4次十字軍が1204年に建国したラテン帝国のコンスタンティノープルで宝石類を仕入れた。黒海沿岸の港町ソルダイア（現ソダク）を経由し、東方へと進み、当時はチャガタイ・ハン国の商業都市ボバラ（現ウズベキスタン共和国ボバラ州州都）にたどりついた。この都市でフビライの使節と遭遇し、ともにフビライが君臨する元の上都（現在は北京）に到着する。この首都がヨーロッパでは「ザナドゥ」と呼ばれるようになったのは、マルコの著作が伝えたことによる。

『東方見聞録』では、ポーロ兄弟はフビライと謁見し、有識の宣教師100人の派遣を要請する教皇宛て親書を託されたという。中国を発し、地中海の沿岸都市アークレ（アッカ、アッコンとも）に帰着したのが1269年で、同年にヴェネツィアに帰郷した。

その2年後、17歳のひとり息子マルコを連れた一行は再度、東方へと旅立った。トルコ、アルメニア、イラン、アフガニスタン、東トルキスタンなどを通過して、ふたたび元の上都に到着したのは、3年余が経過した1274年とされる。

それから17年のあいだ、フビライにつかえたマルコは、揚州《ようしゅう》(現江蘇《こうそ》省江都《こうと》県)の総督をつとめたほか、雲南、チベット、ビルマまで出仕した。のちに『東方見聞録』の6割をしめることになった元朝の情報は、この長期の滞在経験によるものである。

フビライの弟フラグ(またはフレグ、1218-65)が建国したイル・ハン国の王妃候補コカチン姫をその都タブリズへと送り届けるという役目とともに、マルコ一行が帰国の許可を得たのは1290年末のことである。

14隻の船による海路の旅であり、チャンパ、ジャワ、マラッカ、スマトラ、セイロン、インド西南岸などに寄港しつつ、ペルシア湾の港湾都市ホルムズをめざした。紆余曲折を経て、無事に使命をはたしたマルコたちは黒海沿岸の町トレビゾントから船で黒海をわたり、コンスタンティノープルに立ち寄ったのち、イオニア海、アドリア海を北上して、1295年にヴェネツィアに帰郷した。

かれらの東方への大旅行はじつに25年という長大な歳月におよんだ。17歳で旅に出たマルコは42歳になっていた。

1295年のヴェネツィア帰国以降のマルコ・ポーロ一行がどのように暮らしていたか

は不明である。

しかしこの時期、故郷ヴェネツィアはイタリア半島の反対側に位置するジェノヴァと戦争中で、マルコは1296年ごろに両国間の海戦に参加して、ジェノヴァ軍の捕虜となってしまう。牢獄でかれが知りあったのはルスティケッロ・ダ・ピーサ、『東方見聞録』の筆録者とされる人物だ。この書物を世に残したこと以外、ルスティケッロのその後の消息はすべて不明である。

5年間の収監生活ののちにマルコがヴェネツィアに帰郷したのは、1299年8月ごろらしい。商人マルコは生業に精を出したが、記録によると、商取引に関する紛争も少なくなかったようだ。

1323年1月に当時70歳のかれは重い病にかかり、ついに遺言状を作成した。この遺言状は現在もヴェネツィアのサン・マルコ寺院図書館に所蔵されている。翌1324年1月8日、マルコ・ポーロはその波乱の生涯を終えた。

異本『東方見聞録』

13世紀後半に活躍したとされる騎士物語作家ルスティケッロ・ダ・ピーサは、マルコ・

ポーロと牢獄内で出会い、その大旅行を筆録した書物を1298年に古フランス語で編纂したという。『東方見聞録』である。

その写本140種を分類すると、言語によってほぼ7グループに集約される。それぞれに異同があるために、邦訳が複数存在するのも原典がそれぞれ異なるゆえである。

この書物が読まれたのは、広大な中国とその周辺で収集された珍談・奇譚の類が多く収録されていたからだった。フビライもマルコからそうした奇談を聴きたがったという。ところが、それらの驚異のエピソードには、作家ルスティケッロが加筆したものが多く、マルコ自身の体験に依拠していないものも少なくないと考えられている。

非ヨーロッパ世界にある驚異の自然、棲息する危険な野獣、偶像崇拝をおこなう異教徒とその風俗、さらにはマルコが長く出仕したゆえに知りえたフビライ本人や宮廷の情報などは、読者にはるか遠方の東アジアの国々への憧憬をかき立てたと思われる。『東方見聞録』が『驚異の書』という別名で呼ばれるゆえんである。

ところで、はじめて大西洋横断による東アジア到達をめざしたクリストファー・コロンブス（1451－1506）にとって、まだ見ぬ現地の情報となったのが『東方見聞録』であった。活版印刷術が発明された15世紀には、マルコの旅行記も印刷本となって流通しており、その印刷本初版は1477年にニュルンベルクで刊行されている。

1492年に出航した第1次航海の時期には、コロンブスは『東方見聞録』を未見だったようだが、フィレンツェの天文学者トスカネリ（1397－1482）が1482年にかれに送った書簡から東アジアの情報を入手していた。さらには、1502年に開始された第4回航海の報告書には、コロンブス自身が『東方見聞録』を読んでいた形跡がみいだせる。というのも、東アジアには到達しなかったにもかかわらず、かれの航海誌では、『東方見聞録』に記された東アジアの地名が使用されているからである。

さて、マルコ・ポーロは日本《ジパング》を最初にヨーロッパに紹介した人物であるが、その伝聞を以下に紹介しておく。

［……］。その宮殿は、ちょうど私たちキリスト教国の教会が鉛で屋根をふくように、屋根がすべて純金で覆われているので、その価値はほとんど計り知れないほどである。床も二ドワ［約4センチ］の厚みのある金の板が敷きつめられ、窓もまた同様であるから、宮殿全体では、誰も想像することができないほどの並外れた富となる。

また、この島［日本］には赤い鶏がたくさんいて、すこぶる美味である。多量の宝石も産する。
［……］。
この島［……］の住民も［……］、敵を捕虜としてその身代金が支払われない時には、捕虜を捕まえた者は友人や親類を集め、皆で捕虜を殺し、その肉を焼いて食べてしまう。そして、これが世界で最高の味の肉だといっている。

（月村辰雄、久保田勝一訳）

これはマルコ・ポーロが当時の中国で耳にした日本の伝聞であるが、純金の宮殿は室町時代の京都の鹿苑寺金閣のこととされる。日本人がきわめて残酷な食人種のように伝えられているのは、日本が元寇と戦ったゆえに、自国の敵として悪しき日本人像が当時の中国内に形成されたからだと思われる。

しかしながら、マルコ・ポーロが伝えたジパングの金の宮殿は、コロンブスが西回りに東アジアをめざした要因のひとつになったはずである。

『東方見聞録』の内容に関して、マルコの自負がよくわかるエピソードが伝わっている。

かれの臨終にさいして、友人たちがかれの著作の一部が作り話だったことを告白して懺悔するように勧めたところ、「自分はみてきたことの半分も書いていない」と、死にゆくマルコは憤然と言い放ったという。

メッカ巡礼とイブン・バットゥータ

一方、イスラーム世界を代表する紀行文を残したイブン・バットゥータ（1304‐68／69）はマルコ・ポーロよりも半世紀ほど遅く生まれており、しかもその生誕地はマルコが生まれたヴェネツィアから近く、地中海の入口でジブラルタル海峡に面した現在のモロッコ北部の港町タンジャ（またはタンジール）である。こうした経歴の類似点は、ふたりが同時代の大旅行家として並び称されるのにひと役買っている。

そもそも、イブン・バットゥータは家系を示す名であって、本名はムハンマドである。一家はラワータというベルベル系部族に発していたが、8世紀初頭にモロッコに移住したのちはアラブ人と混血し、アラブ文化に同化してきたのであり、本人もみずからアラブ人だと認めていた。

かれはスンナ派を代表する4法学派のうちのマーリク派の法官であって、その父と父方の従兄弟も法官職であったゆえに、法官や学者を輩出する家系だったと考えられている。ところで、巡礼はキリスト教徒の専売特許ではない。イスラーム世界の住人たちにとっては、最大の聖地メッカへの巡礼は、さまざまな条件が整いさえすれば、すべてのムスリム（信徒）に課せられた義務であった。

イスラーム教の信仰はそもそも、信仰告白、礼拝、断食、喜捨、巡礼を実践するという「5つの柱」を義務としていた。そのために、イブン・バットゥータの最初の旅の目的は聖地メッカ巡礼と、アラビア半島第2の聖地メディナの聖モスク内にある預言者ムハンマドの聖墓礼拝であった。

ところが1325年、21歳のときに旅立ったかれは、北アフリカ沿岸を進み、ダマスカス、イスファハン経由でメッカ到着後、もっと広大な地域まで進み、小アジア、中央アジア、インドから中国に到達する25年間という長大な旅を敢行した。

たとえば、サンチャゴ・デ・コンポステーラをめざす巡礼者には、『サンチャゴ巡礼案内記』があったように、メッカ巡礼においても、旅行ガイドは存在した。「リフラ」（巡礼紀行文学）と呼ばれるジャンルがそれである。

アル・マグリビー（1208-74）の『地球の縦横のひろがりの書』、アル・アブダリー（生没年不詳）によるメッカ巡礼記『アブダリーの巡礼記』、イブン・ルシャイド（1258-1321）のスペイン・アフリカ旅行記『ふたつの旅』などとならんで、とりわけ重宝されたのは、イブン・ジュバイル（1145-1217）が12世紀に残した『メッカ巡礼記』である。

というのも、アブダリー、イブン・ルシャイドにくわえて、イブン・バットゥータもまた、イブン・ジュバイルの『メッカ巡礼記』を携行して、巡礼の旅に出た。しかも、かれらは自身の旅行記を記述するさいにも模範として参照している。つまり、イブン・ジュバイルはイブン・バットゥータの180年まえの偉大な先達なのだ。

1325年にイブン・バットゥータがひとりで故郷を旅立って3ヵ月後のチュニス滞在中には、巡礼キャラバンの公認法官として任命されている。マーリク派法官職にふさわしい学識を有していたらしく、さらにはカイロ、ダマスカス、メッカといった諸都市でも、学者、知識人、イスラーム神秘主義者たちから学んでいる。

かれが中世イスラーム世界を自由に旅行できたのは、マーリク派法学者としての高い学識をそなえていたことも作用し、その旅程の大きな一助となっていたのである。

1326年11月にはメッカの巡礼大祭に参列し、ついに宿願の聖地巡礼をなしとげたのち、この聖地からさらに4度の大旅行を試みた。イラク、イラン、イエメン、アフリカ東部沿岸、アラビア半島南岸、小アジア、中央アジア、インド、中国まで到達した。この期間に、インドのトゥグルク朝の首都デリーのスルタン（君主）のもとに約8年、インド洋のモルディヴ諸島のマーレ島では8ヵ月をマーリク派法官として出仕している。

イブン・バットゥータが帰郷したのは1349年、ほぼ25年間におよぶ大旅行であった。そののち、レコンキスタ運動のキリスト教徒と戦うために、イベリア半島に渡り、ロンダ、グラナダ、マラガなどを歴訪した。

さらに、ふたたびアフリカへ南下、大西洋沿岸を進んで、サハラ砂漠を突破して、マリ王国に8カ月滞在した。そこからニジュール川を東進して、タッシリ・ドゥ・アハッガールを経由し、真冬の高地トゥワート・ブーダーやハイ・アトラス山脈を越えて、モロッコのマリーン朝の首都ファースまで帰り着いた。サハラ砂漠をふくめてのアフリカ大陸北西部を周遊したのである。

マリーン朝のスルタンであるアブー・イナーン（1329-58）の依頼によって、イブン・バットゥータの約30年間におよぶ全行程11万7000キロの旅を口述筆記させたものが、1355年12月上旬に完成した。

この草稿を文学者イブン・ジュザイイ（1321-56）が整理・編纂して、『都会の新奇さと旅路の異聞に興味を持つ人々への贈り物』(『大旅行記』、『三大陸周遊記』とも呼ばれる)として1356年に編集作業を終えた。そのさいにはやはり、イブン・ジュバイル、アブダリーの巡礼記を参照して、リフラの書式を整えている。この旅行記はメッカ巡礼の旅程のみならず、イスラーム世界全体に言及し、奇異な風俗、習慣、生活様式も記された大部な書物であったものの、異端の書とみなされたために、17世紀末に再発見されるまでは着目されることはなかった。

イブン・バットゥータがユーラシア大陸とアフリカ大陸を旅行できたのは、当時の世界情勢のおかげでもあった。13世紀から14世紀には、広大なモンゴル帝国が建設されて、平和が維持されていたのと同時に、イスラーム世界との交流が活発であった。それゆえに、ユーラシアとアフリカをカバーする国際的な交通網や通信網が整備されていた時代であって、多くの商人、知識人や学者、修業者なども旅していたのだ。

しかもイスラーム教にとって、旅人は保護すべき対象で、イスラーム法は旅人に対して礼拝や断食などの宗教的義務を軽減し優遇するものであって、旅の安全を保障すべく機能した。西アジア地域のイスラーム系国家群は、巡礼キャラバンを組織し、その隊長には高い名誉と地位、強い権限をあたえた。巡礼を奨励し、メッカにいたる4つの巡礼路を拡充させて、イスラーム世界の交通網を整備した。イブン・バットゥータもまた、こうした巡礼キャラバンの一員として旅していたのである。

とはいえ、大旅行を敢行したのちに稀有な旅行記を残したイブン・バットゥータの旅立ちの契機が、メッカ巡礼であったことは興味深い。

言い伝えによると、イスラームの預言者ムハンマドは「知識を求めるためには遠く中国まで旅せよ」と語ったといわれるが、一般にイスラームの巡礼も宗教的義務や信仰心にくわえて、多種多様な目的や動機によってなされた。

中世イスラーム世界最大の学者イブン・ハルドゥーン（1332-1406）によると、旅《リフラ》とは諸学探究のためであり、［学問・技芸などを教授する］師匠《シャイフ》との出会いによって、教育の完成をめざすことと定義されている。

すなわち、イブン・ジュバイルの『メッカ巡礼記』に心を動かされて、メッカ巡礼に旅立つ者が多かった時代、巡礼の旅もまた、さまざまな町での見聞、名士や学者との邂逅、聖地やモスクでの宗教的体験などを経て、人間的成長に寄与するものだったといえよう。

ヴァイキングの北アメリカ大陸発見

コロンブスが大西洋を横断して、カリブ海の西インド諸島に到達したのは1492年のことである。しかし、それよりもさかのぼること約500年まえに、北アメリカ大陸、現在のカナダの東海岸に浮かぶニューファンドランド諸島にヴァイキングが上陸していた。そこにいたるまでの歴史は少し複雑である。

ヴァイキングは、ノルマン人と呼ばれたスカンディナビア半島およびバルト海沿岸に居住する人びとのことで、おもに紀元800年から1050年までの250年間に西ヨーロッパで侵略・略奪行為をおこなったが、一方では交易にも従事していた。

982年に、ヴァイキングの首長であった赤毛のエイリークが、北大西洋に位置するアイスランドから殺人罪によって3年間の追放処分を受けた。かれは数年まえに入植者のひとりが嵐の海で目撃したという土地を探して、さらに西へむかった。最初にエイリークが発見したのは、険阻な岸壁の陸地だった。

この土地を「グリーンランド」と名づけたかれは、アイスランドに帰還したあと、入植者を募り、25隻の船団を組んで、グリーンランドをめざした。1000年ごろは人口3000人で300から400の農場を運営していたとされる。この地に入植したかれらの集落は500年ほど存立していたらしい。

グリーンランドを発見し入植した赤毛のエイリークの息子レイヴ・エイリークスソンもおなじく目撃談を信じて、35人の男とともに西へと旅立った。この航海で紀元1000年ごろに発見された新大陸は3ヵ所とされている。

場所については諸説あるものの、最初に発見したのはバフィン島の東海岸とラブラドル地方の北部沿岸とされており、「ヘルランド」（岩の土地）と命名した。2番目はラブラドル地方の中央部から南部にいたる緑豊かな沿岸で「マルクランド」（森林の土地）と名づけた。さらに南方へ進んだ結果、野生のブドウが多く実る土地に到達した。レイヴはこの地に「ヴィンランド」（ブドウの土地）という名をあたえ、そこで越冬し、グリーンランドへと帰還した。

図 2-7　カナダのランス・オ・メドーにある11世紀のヴァイキングの移住地跡

かれらが発見した土地であるカナダのニューファンドランド島、その北端の入江ランス・オ・メドー（図2‐7）は現在、最初のヨーロッパ人入植地だと考えられている。この入植地は考古遺跡として復元されて、1978年にユネスコの世界文化遺産に指定された。

さて、発見した豊穣な土地と温順な気候について、レイヴが報告すると、翌1002年に弟トールヴァルドがヴィンランドへと航海した。かれはこの新大陸を探検中に、アメリカインディアンと遭遇、殺されてしまった。ノルマン人とアメリカインディアンとの最初の接触だとされている。

その後、1020年前後に、べつの首長トルフィン・カールセフニが率いる3隻の船で約160人の男女が入植した。アメリカインディアンとの交易もおこなったが、3年目の冬を過ごしたのちに、入植を断念し、グリーンランドへと戻った。それ以降も14世紀中葉まではノルマン人による入植が試行されたものの、北欧に蔓延《まんえん》したペストによる人口激減もあいまって、植民が中断され、新大陸のことはやがて忘却されてしまうのである。

コロンブスの大西洋航海と新大陸発見

クリストファー・コロンブス（イタリア語クリトーフォロ・コロンボ、スペイン語クリストバル・コロン、1451

ごろ-1506)は、その恐ろしい知名度のわりに伝記的には不明な部分が多い。一般的には、ジェノヴァの毛織物職人の息子で、10代のころから船に乗っていたとされる。

1477年ごろにポルトガルのリスボンに移住して以降、西アフリカ航海を経験したともいわれており、スペイン語やラテン語も学んだようだ。大西洋を航海して、東アジアへ到達しようとする西回り航路考案にむすびつく著作を読んだのも、この時期のことである。前述のマルコ・ポーロ『東方見聞録』のほか、ジョン・マンデヴィルの『東方旅行記』もコロンブスに影響をあたえたといわれている。

13世紀末に生まれたとされる騎士ジョン・マンデヴィルは現在のベルギーのリエージュ出身ともされる、やはり詳しい伝記的事実が乏しい人物である。マルコ・ポーロの大旅行の約50年後に故郷イギリスを旅立ち、エルサレム、シリア、エジプト、インド、ジャワ、スマトラ、ついに中国にたどりついたという。

マンデヴィルの『東方旅行記』は14世紀中期の刊行後から数世紀のあいだ、ヨーロッパの主要言語のほとんどに翻訳されたうえに、伝承された写本は300冊を超えるといわれるほど読まれた旅行記である。マルコの『東方見聞録』とおなじく、非ヨーロッパ世界の伝説や驚異について記された内容が大人気を博したが、現在では、「架空旅行記」とみなされている。

だが、この旅行記の注目すべき点は、偶然に地球を一周した男、アイルランドの海岸にうちあげられた東洋人の水夫ふたりの逸話にくわえて、地球が球形であることをマンデヴィルみずからが説明し、船があれば自分も世界一周できたという記述があることだ。このような内容が、コロンブスの西回り航路着想に影響をあたえたと考えられてきた。

1484年、コロンブスはポルトガル王ジョアン2世（1455-95）に自身の航海計画への援助を求めたが、不調に終わったために、翌年にはスペインに移っている。1486年にスペインのイサベル女王（1451-1504）に謁見、コロンブスは航海事業への出資を募るも、女王が検討を命じた委員会はその実現性を認めなかった。この時期、カトリックのスペインは、イベリア半島最南部の都市グラナダに建国された最後のイスラーム王朝と戦っていて、海洋探検など眼中になかったのだった。

それゆえ、1492年1月初旬にグラナダが降伏すると、コロンブスとイサベル女王との交渉が再開されたが、かれの条件は尊大過ぎた。未知の土地でありながらも、その地の産物、金銀、香料の10分の1の取り分、世襲の提督かつ副王かつ総督の地位を要求した。だが、女王はこのサンタフェ協約と呼ばれた取り決め書に調印した。かくして、ぜんぶで

4度となるコロンブスの大西洋を横断する航海は開始されたのである。

1492年8月3日、コロンブスは3隻の船団を率いて、スペイン南部のパロス港を出港した。カナリア諸島を経由して、サルガッソ海を抜けて、出航してから70日目の10月12日深夜、ついに陸地を発見する。

かれがたどりついたのは、現在の西インド諸島のバハマ諸島にある島で、サン・サルバドル島と名づけられた。そこが巨大な東アジア地方（インディアス）の一部だと信じて疑わなかったコロンブスは、現地の人びとを「インディオ」と呼んだ。さらに、日本をめざして西へ船を進めて、キューバ島、イスパニューラ島にも上陸した。

イスパニューラ島北部に部下を残して、かれが帰還の旅に出たのは、1493年1月4日のことである。3月15日にパロス港に帰着すると、コロンブスは大歓迎を受けた。連れてきたインディオ6人や略取した金銀宝石などをスペイン王室に献上し、バルセロナのイサベル女王とフェルナンド王からも称号その他、最高の栄誉をたまわった。

帰途の途中にコロンブスが書いた報告書簡は同年に出版されて、翌1494年には13版まで刊行された。それほどまでに、かれの新大陸発見の航海はセンセーショナルなものとして受け取られたのである。

しかしながら、このときがコロンブスの最初にして最後の凱旋《がいせん》だった。半年後の9月25日には、1500人が乗った17隻の大船団で第2回航海に出発するものの、スペイン人どうしの不和確執、先住民たちの虐殺などで、植民地運営が混乱をきわめた結果、コロンブスの統治能力が疑問視されていく。最終的に1502年には、かれの統治権限は剝奪されてしまうのである。

1498年の第3回航海では、コロンブスはオリノコ河口に到達したために、ヨーロッパ人がはじめて南アメリカ大陸に上陸したという足跡を残したものの、新しく着任した総督に逮捕されて、スペインへ送還という恥辱を受ける。しかも、かれの地位は復旧されることはなかった。

最後の機会として1502年におこなわれた第4回航海では、北アメリカ大陸と南アメリカ大陸をつなぐ地峡部の中央アメリカの沿岸を探検した。現在のホンジュラス、ニカラグア、コスタリカ、パナマを巡航したが、太平洋へと通じる海峡にたどりつくことはなかった。

1504年11月上旬、ジャマイカで座礁《ざしょう》するなど苦難にみちた2年7ヵ月の航海からスペインへ帰国すると、コロンブスは眼がみえないほど衰弱していた。同月末にはイサベル女王が病死して、最大の支援者を失った。コロンブスは植民地当局の不正を告訴するが、フェルナンド王はかれに対して冷淡であった。

帰国から1年半後の1506年5月20日に、失意のコロンブスはスペイン中北部の都市バリャドリッドで54歳の生涯を終えた。


西回り航路を利用して、(北欧のヴァイキングをのぞけば)はじめてアメリカ大陸に到達したという歴史的偉業を達成したコロンブスは、事務や行政の能力に欠けるとされるものの、天才的な発想や類まれな実行力をもっていた人物だと考えられている。

一般的には地球が球体であるとまったく信じられていなかった時代に、前世紀以前の旅行記の情報から地球球体説を信奉するにいたり、さらにはヨーロッパとアジアを新しい航路によって接続しようとしたかれの思考は中世的というよりも、合理性を重視するルネサンス人のものだっただろう。

海路の発見とつながる大陸

コロンブスの新大陸への航海とならんで、ほかの遠洋航海者たちの航海によって、知られざる地表の情報が明らかになってきた。こうした地理的な発見がおこなわれた背景には、ヨーロッパでの香辛料の必要性があった。食肉の調理と保存に使用される香辛料は貴重なもので、これを求めて、陸路を通らずに産地の東南アジアへと海路で直接に貿易する航路が希求されていたのである。

まずはアフリカ大陸南端の探索であった。1488年にアフリカ大陸の南端へ到達したのは、ポルトガルの航海者バルトロメウ・ディアス（1450ごろ-1500）である。この地はのちに喜望峰と名づけられた。

おなじくポルトガルのヴァスコ・ダ・ガマ（1460ごろ-1524）は、その喜望峰を経由して、アフリカ大陸沿岸を北上したのちに、インド洋を通過、目的地のインド西海岸のカリカットへたどりついた。アフリカ大陸南端を東回りでインドにいたる航路がついに発見されたのである。

アフリカ大陸を南回りでアジアへむかうこの航路は、19世紀後半にスエズ運河が開通するまで数百年間、使用されつづけた。スエズ運河の完成以降は、地中海から直接に紅海へと抜けられるために、西洋からアジアへの航海の時間と距離は大幅に短縮されるようになる。

コロンブスがインディアスだと考えていた新大陸、およびかれが到達できなかった太平洋の状況もしだいに判明していった。

まずは、またもやポルトガル出身の下級貴族ペドロ・アルヴァレス・カブラル（1467または68-1520ごろ）は当初、インドをめざしていたが、西南に航路を進んだために、1500年5月、南アメリカ大陸のブラジルのアイモレス山脈を発見し、この未知の大陸に上陸した。

そして、コロンブスが発見した陸地が新大陸であることを証明したのは、フィレンツェの名家出身のアメリゴ・ヴェスプッチ（1454-1512）である。1501年8月に南アメリカ大陸に到着すると、沿岸を航海しながら南下して、アルゼンチンのラ・プラタ川を通過した。さらに南下をつづけた結果、1502年には南緯50度付近まで到達したとされる。ヨーロッパ人最初の南極圏への挑戦だった。

アメリゴはその書簡で、その土地が新大陸で、アジア、ヨーロッパ、アフリカにつぐ第4の大陸であることを明確に述べた。

ドイツ人地理学者マルティン・ヴァルトゼーミュラー（1470ごろ-1520）とマティアス・リングマン（1481または82-1511）が作成した世界地図に「アメリカ」という語がはじめて使用された。すなわち、新大陸の発見者とされたアメリゴにちなんだ地名である。

スペインの植民地政治家バスコ・ヌーニェス・デ・バルボア(1475-1517)は、先住民の案内でパナマ地峡を横断し、1513年にようやく海へと達した。これがのちに「太平洋」と名づけられるのだが、かれは最初に太平洋を発見したヨーロッパ人となった。

この太平洋の名づけ親こそが、フェルディナンド・マゼラン(ポルトガル語でフェルナン・デ・マガリャンイス、1480-1521)なのだ。ポルトガルの下級貴族だったマゼランがスペイン王室と契約して、ヨーロッパ各国からの寄せ集めの船員265人と5隻の船団で太平洋の新航路開拓に旅立ったのは、1519年9月20日のことである。

12月にブラジルのリオ・デ・ジャネイロ、翌年1月にはラ・プラタ川河口に到着したのちに、さらに南下し、現在のチリとアルゼンチンをまたぐパタゴニア地方で越冬した。10月中旬に再度の南下を開始し、危険な海峡を通過(のちにマゼラン海峡と命名)、1520年11月28日についに南米大陸の南端を西回りに突破して、太平洋に到達したのだった。

海岸線を北上してから、西北へと方向転換し、太平洋を横断、1521年3月にフィリピン群島に到着したものの、翌4月下旬にマゼランは地元の首長たちの紛争にまきこまれ、殺されてしまった。

その後、難をまぬがれた者たちの船団は同年11月初旬にモルッカ諸島に到着した。この諸島はヨーロッパでは「香料諸島」と呼ばれており、当時、ヨーロッパでは非常に貴重だった香辛料の産地であった。

交易を終えて12月下旬に出航、アフリカ大陸南端を通過し、1522年9月6日にスペインに帰還したさいの船は1隻のみ、生き残ったのは船員18人だけだった。苦難にみちた約3年間の航海だったが、世界一周の航海はなしとげられたのである。

かくして、北極圏、南極圏、オーストラリア大陸をふくむ南太平洋といった部分をのぞく世界地図は完成にむかいつつあった。それらの空白部分は18世紀後半になって、イギリス海軍士官ジェームズ・クックの3度の世界航海で埋められていくのである。

自然は美しい

自然の景観を楽しんだとされるイタリア・ルネサンスを代表する人文主義者で詩人のフランチェスコ・ペトラルカ（1304-74）のことを紹介して、本章を終えることとしたい。

地理学者かつ地図製作者で、イタリアの最初期の地図もかれの手になるものとされているペトラルカだが、19世紀スイスの文化史家ヤーコプ・ブルクハルト（1818-97）が着目するのは、ペトラルカが弟ひとりだけを連れて登山した行為についてである。

かれが登ったのは、フランス南東部の都市アヴィニョン近郊のヴァントゥー山である。ペトラルカはなみなみならぬ苦労をしながら登りつづけて、足もとに雲海を見下ろしながら、ついに頂上に到達する。そこで、かれは来しかたを思いおこして、イタリアのほうを眺めるのだ。

ペトラルカがヴァントゥー山の頂上でイタリアの風景を楽しんだこと、そして自身の過去をふり返ったことは、自然の価値が大きく転換した事実を示している。これまでは一般的に、自然とは過酷な重労働の対象にして、犯罪者、魔物や野獣がひそむ不気味な恐怖をもたらす領域であったからである。

ところが、ルネサンスの代表者ペトラルカはわざわざ苦労して山に登り、その頂上で自然の風景を楽しみ、自身の過去とむきあったのだ。自然の眺望に自分自身を投影することは、中世の人間の行為ではなくて、近代人の精神的な活動といえよう。というのも、「自然を楽しむ」(Naturgenuß)ということ、すなわち、自然を風景として楽しむ行為とは、ルネサンス以降の近代的な自我が確立されてこそのものだからである。

かくして近代になると、人間はみたことのない自然の風景を求めて旅立ち、未見の風景を楽しむために旅するようになっていく。

A GLOBAL
HISTORY OF
TRAVEL

第3章

近代

自然は美しい

馬車、世界探検、
アルプス登山、団体旅行

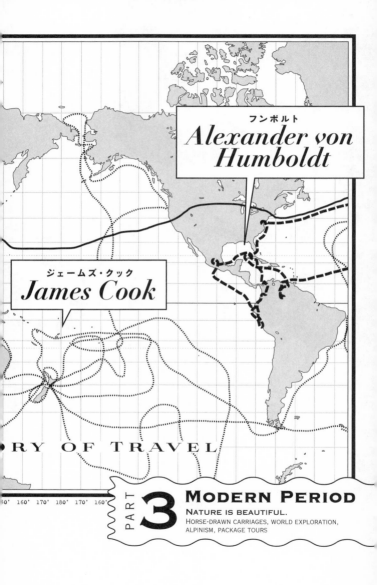

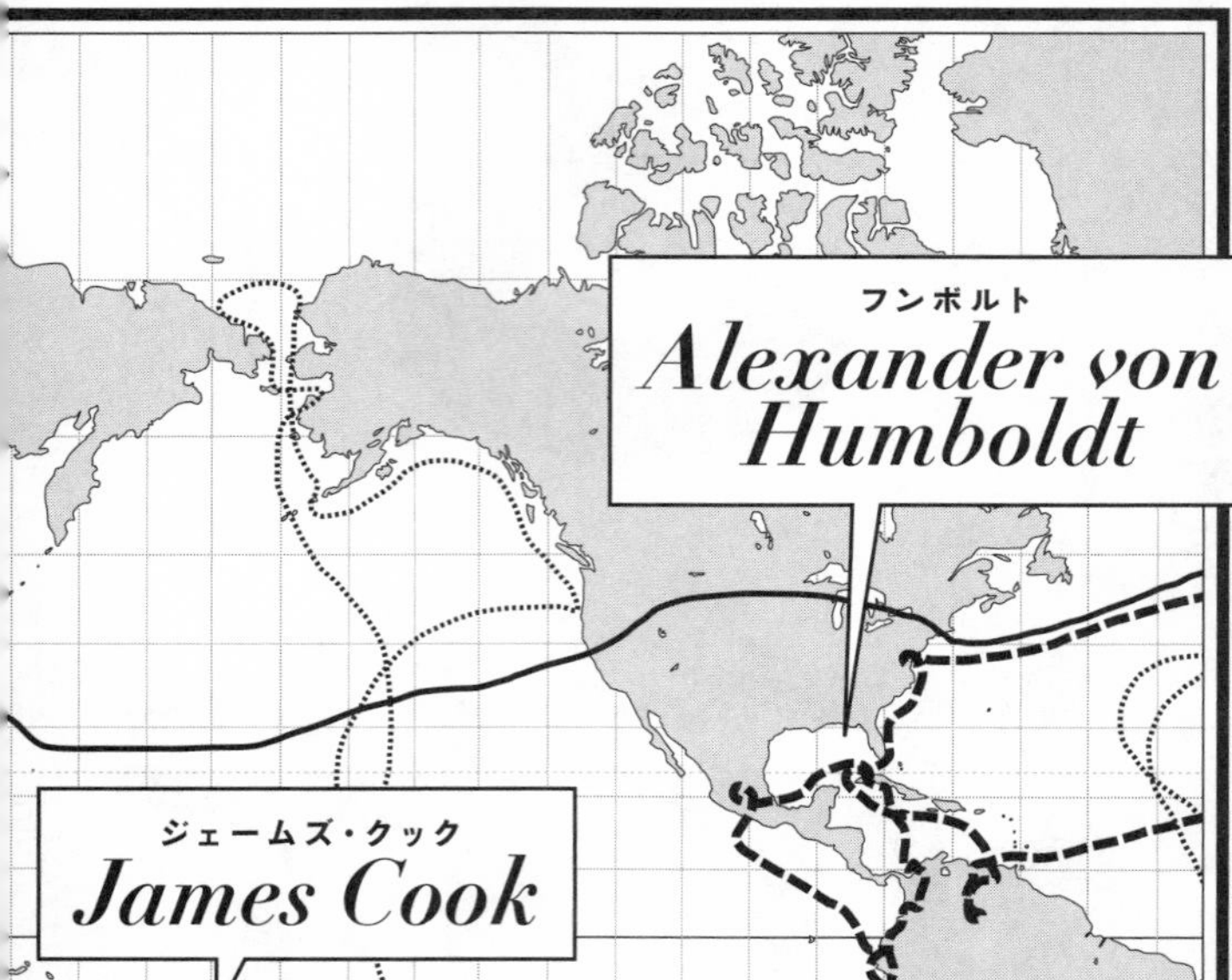

PART 3 MODERN PERIOD

NATURE IS BEAUTIFUL.

HORSE-DRAWN CARRIAGES, WORLD EXPLORATION, ALPINISM, PACKAGE TOURS

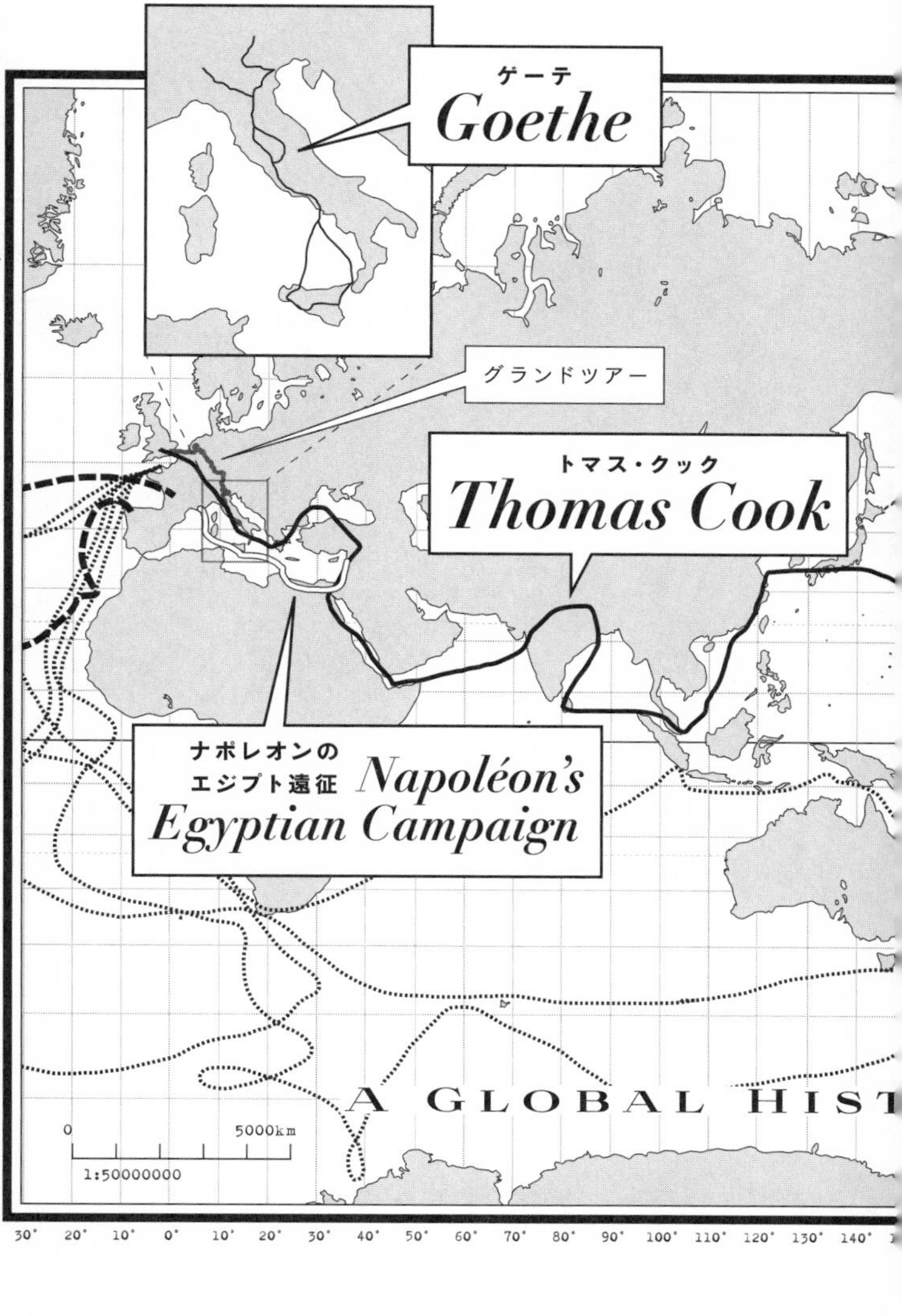
ゲーテ
Goethe
グランドツアー
トマス・クック
Thomas Cook
ナポレオンの
エジプト遠征
Napoléon's
Egyptian Campaign
A GLOBAL HIST
0
5000km
1:50000000
70°
60°
50°
40°
30°
20°
10°
0°
10°
20°
30°
40°
50°
60°
30° 20° 10° 0° 10° 20° 30° 40° 50° 60° 70° 80° 90° 100° 110° 120° 130° 140°

「知こそは力」と考えられた啓蒙主義の世紀である18世紀以降、学者たちは未知の自然をめざして旅立った。自然は忌避するべきものではなく、探究されるべき未知の対象となったからである。知られざる世界は研究対象となり、学者たちは厳しい自然へと旅立っていく。同時に、自然の風景は楽しむべきものとして考えられるようになった。

旅を支える技術として馬車そのものは古代から存在していたが、18世紀には劇的な進化をとげた。パリやロンドンなどの大都市では、現在のバスやタクシーのような都市交通として利用される一方で、都市部と地方を結ぶ遠距離交通手段としても広範に用いられた。

19世紀中葉には、蒸気機関車の普及によって、ヨーロッパ各地や北アメリカ大陸に鉄道が開通していく。新しい交通手段である鉄道を利用して、団体旅行という大衆ツーリズムを普及させたのがトマス・クックである。新たなテクノロジーによって新たな交通手段が誕生すると、それがさらに新たなビジネスモデルを生みだすのだ。われわれになじみ深い娯楽としての旅行は、この頃に誕生したといってよいだろう。

同様に、海洋航海をめぐるテクノロジーの進化は、イギリス海軍のキャプテン・クックに代表される世界探検航海を可能にした。未知なる世界への航海によって、地理や動植物、現地の人びとに関する知識が収集されていくと同時に、新しい航路や交易地の発見はのちのヨーロッパ帝国主義を準備したという側面も有している。

1 理性と産業革命の時代

まだ知られざる世界へ

近代へと時代が移行すると、自然に対する人間の認識が変化する。自然は恐怖の対象からながめて楽しむ対象へと、あるいは踏破すべき研究対象へとかわっていく。

それは、「理性」によって「蒙《もう》を啓《ひら》く」という啓蒙主義の思考がなしえたものであり、迷信に惑わされずに、「知」による合理的思考がなされるようになったからである。

同時に、18世紀後半にはじまったイギリスの産業革命、すなわち技術革新による産業、経済、社会の大変革は、多くの科学技術を発展させた。種々の計測器具や帆船の進歩が未知の世界への探検旅行を可能にしたのである。

この時代の旅行記は、〈旅行〉という枠組みのなかにあらゆる種類の情報を記述した書物で、〈旅行〉はヨーロッパ人がさまざまな世界を観察し、調査し、収集するための手段でもあったのだ。

それゆえ、これまで人間がたどりつけなかった未踏の土地へと、西洋の科学者たちは旅立っていった。ヨーロッパにまたがる氷と岩で閉ざされたアルプス山脈へ、あるいは南極圏、北極圏、南太平洋、南アメリカ大陸のアンデス山脈へ。

だが、その一方で、17世紀に流行した風景画のような自然の風景を楽しもうとする西洋の旅もなされるようになった。

ヨーロッパの王族や貴族、とりわけイギリス貴族の子弟たちが教養やマナーを習得するために、大陸のフランスやイタリアの大都市に長期滞在する「グランドツアー」も17世紀からおこなわれた。

かれらの旅で交通手段として使用されたのは馬車である。16世紀から19世紀中葉まで長距離の移動手段としてだけでなく、ロンドンやパリで市内交通機関としても発達した。

そして、馬車の時代につづくのが鉄道の時代である。

イギリスの技術者ジョージ・スティーブンソン（1781−1848）が1814年に蒸気機関車の実用化に成功し、翌年に特許を取得した。1825年にストックトン＝ダーリントン鉄道を開通させ、世界初の旅客列車を走行させた。

さらに、1830年にリバプール＝マンチェスター鉄道を開通させたさいには、蒸気機関車は30人の乗客を乗せた列車を時速40キロで牽引したのだった。

この世界初の鉄道会社が好評を博したために、イギリスでは鉄道建設が急増した。1833年から37年の4年間で、線路網は2240キロまで拡大の一途をたどり、1851年にイギリス国内の鉄道の総延長はついに1万880キロまでに到達したのである。

そして1860年初頭には、ロンドンでは地下鉄道の敷設工事が開始された。この鉄道会社の名称は「メトロポリタン鉄道」といった。イギリスではいわゆる「地下鉄」を「チューブ」や「アンダーグラウンド」、アメリカでは「サブウェイ」と呼ぶのが一般的だが、現在、世界中で地下鉄が「メトロ」と呼ばれているのは、この社名に由来する。

1863年1月10日に世界初の地下鉄道が開通したが、開通後12年間で年平均7000万人が利用している。その約40年後、推理小説家コナン・ドイル（1859－1930）は『シャーロック・ホームズ』シリーズで地下鉄を使ったトリックを考案している。唯一の鉄道ミステリーといわれる「ブルース・パーティントン設計書」（1908年）では、地下鉄が重要な役割をはたすのだ。

ロンドン地下鉄オールドギット駅近くの線路のかたわらで発見された死体は、地下鉄の乗客が何者かに突き落とされたか、自然にふり落とされたかと推測された。だが、じつはべつの場所で殺された死体が地下鉄の屋根に載せられていて、ポイント通過やカーブ走行時の遠心力でふり落とされたということが判明するのである。しかも、犯人はロンドン地下鉄の開口部に面した窓がある自宅に住んでいるという設定であった。

ところで、「トラブル」(trouble)と語源をおなじくする「旅行」(travel)にかわる近代的な人間の移動をあらわす語が1811年ごろに登場する。「観光旅行」を意味する「ツーリズム」(tourism)である。

いわば「旅行」があまり知られていない対象の発見であり、「探検」(expedition)が未知なる対象の発見であるとすれば、「観光旅行」とはよく知っている対象の発見である。よく知られているものごとは、なんであっても観光対象になり、その知名度こそがひとりでに人びとを惹きつけて、有名な観光名所へと駆り立てる。

かくして、鉄道旅行が大人数の遠方への旅をより手軽に可能にしたのであり、その結果、観光のための大衆旅行が誕生した。すなわち、近代的な観光旅行《ツーリズム》が開始されたのである。

啓蒙主義時代の学術的な旅

この啓蒙主義という「理性」が重んじられた時代を象徴するのは、ナポレオン・ボナパルト（1769-1821）のエジプト遠征である。

フランス革命の余波で破綻した経済や市民生活の復旧がなされていなかった時期の1798年7月、オリエントの植民地獲得をめざしたナポレオンはエジプトへと上陸した。

陸軍3万4000人、海軍1万6000人という遠征軍には、151人の学者と学生、画家たちから構成された「東方軍所属学芸委員会」が同行した。

天文学者、数学者、博物学者、医師、科学者、エンジニア、植物学者、詩人、音楽家たちであって、ナポレオンが称賛していたアレクサンドロス大王が、ペルシア遠征のさいに学者を同伴させたのと同様である。

3年2ヵ月におよんだエジプト遠征そのものは1801年にイギリスへの降伏という結果に終わる。だが、フランスへ生還した学者たちが1802年から編纂を開始し、1828年に完成させた『エジプト誌』全24巻は、建造物、岩石、住民、植物のほか、数千種もの動物、鳥類、虫類、魚類の版画を収録した古代と近代のエジプト文化に関する、類まれな大百科事典であった。

フランスの啓蒙主義者たちが1751年から1772年までの20年以上の歳月を費やして編纂した『百科全書』は、7万以上の項目を誇る全28巻の百科事典だが、『エジプト誌』はこの国の啓蒙主義の伝統をみごとに継承した成果だといえよう。

また、遠征軍は1799年に地中海沿岸の港町ロゼッタで、文字が彫られた石柱、いわゆる「ロゼッタ・ストーン」を発見した（図3-1）。イギリスの戦利品となったオリジナルは当時の国王ジョージ3世（1738-1820）が大英博物館に寄付、現在に至るが、1822年に言語学者ジャン＝フランソワ・シャンポリオン（1790-1832）が複製のロゼッタ・ストーンに書かれた古代エジプト象形文字ヒエログリフの解読に成功する。『エジプト誌』刊行とシャンポリオンによるヒエログリフの解読によって、エジプト研究がヨーロッパで隆盛をむかえて、近代的なエジプト学へと発展していくのである。

18世紀と、つづく19世紀は、ヨーロッパにとって〈未知〉の世界を学者たちが踏査して、収集、分類、記録を

図3-1　ロゼッタ・ストーン（大英博物館蔵）

おこなうことで、〈既知〉の世界へとかえていった時代なのだ。

啓蒙主義時代のユートピア小説には、法律家で文筆家だったカール・イグナーツ・ガイガー（1756-91）の『地球人の火星への旅』（1790年）がある。飛行船での火星旅行が描かれているが、この物語設定が依拠しているのは、1783年6月5日にパリでモンゴルフィエ兄弟が熱気球を飛ばし、11月21日に初の有人飛行をおこなったという歴史的事実である。

物語に登場する飛行船には「走行距離測定器」にくわえて、「偉大な占星術師」が石板に記入した「月と金星の観測目録表」が装備されており、「航海士」を担当する「ふたりの有能な博物学者」や、「水夫数人」が搭乗するという設定であって、同時代の英仏がおこなっていた探検航海の様式をパロディとして取り入れている。

走行距離測定器は、ベルリンを代表する啓蒙主義者にして出版業者フリードリヒ・ニコライ（1733-1811）の旅行記からインスピレーションを受けたと思われる。というのも、ニコライは12巻にもおよぶ『1781年のドイツ・スイス旅行記』（1783-96年）を出版しているのだが、この旅行に出発するさいに、自身の馬車に走行距離測定器を装備させているからである（図3-2）。ニコライは自身の旅行記をより厳密な記録として残すために、走行距離までデータ化しようとしていた（この旅行記は未完であり、スイスに入国したところで終わっている。ニコライは自身の旅行で蓄積した膨大なデータを処理できなかったのだ）。

かくして、未知の自然、自身の旅行体験を記録して、データ化するということが重視された時代であって、「知識が欲しい、もっと正しい情報が欲しい」という欲求が、啓蒙主義時代の旅行の特徴のひとつだった。こうしたヨーロッパの知識人のなかで、最高の学者にして探検家だったのが、後述するアレクサンダー・フォン・フンボルトなのである。

図 3-2　ニコライが馬車に装備した走行距離測定器

2 馬車の時代

交通機関としての馬車

古代ローマ人たちは馬車で旅していたが、中世ではローマ帝国のよく整備された道路とともに、馬車も姿を消していった。

しかし15世紀に再度、馬車が脚光をあびることになる。ハンガリーの村コチ（kocs）でスプリングは改良が重ねられて、技術が向上したのだが、16世紀になると、それが馬車に応用されて、サスペンションによる懸架式の四輪馬車が登場した。この近代的馬車は英語で「コーチ」（coach）、ドイツ語で「クッチェ」（Kutsche）と呼ばれたが、それらの名称はコチ村に由来するといわれている。

それ以降、馬車自体は改良がくりかえされ、さまざまなタイプが生まれていく。馬車の運用形態もつぎつぎに発案された。近代ヨーロッパで、馬車は交通手段としても、上流階級のステータスシンボルとしても不可欠の乗りものとなったのである。

市内の交通手段として、馬車のタクシーともいうべき辻馬車がロンドンで営業開始したのは1634年で、当初は50台の辻馬車が運用されていた（パリでは、1668年に辻馬車が登場している）。

17世紀中葉のフランスで、バスの役割をはたしていたのは乗合馬車である。定められたコースを一定の時間間隔で走る馬車のことで、乗車したい者は停留所で待って、乗車時に均一料金を支払う。

遺稿『パンセ』（1670年）で知られるブレーズ・パスカル（1623－62）は、哲学者、科学者、数学者として知られているが、フランスの乗合馬車会社設立に友人とともに出資したのも、このパスカルである。

この乗合馬車の会社は1691年に辻馬車の会社に買収されて、乗合馬車は1度パリから姿を消すのだが、1828年にふたたび乗合馬車の会社が設立される。それ以後、同業他社が乱立するが、1社へと統合されると、黄金時代をむかえる。1860年には1日当たり20万人、10年後の70年には30万人の乗客を記録した。

「ディリジャンス」と呼ばれる遠距離を走る急行の大型乗合馬車は、フランス独特のものとして知られる（図3－3）。4頭から6頭立てで3つの車室をそなえ、18人が乗車可能だった。約15キロごとに宿駅《しゅくえき》が設置されていて、宿駅ごとに馬をとりかえるために、高速度を維持できた。

乗合馬車は大型化が進行し、1878年に登場した馬3頭立ての乗合馬車は乗客40人が乗車できるほど巨大な車体になった。

長距離旅行用の馬車である駅馬車も17世紀中期に登場したとされる。街道の要所である宿駅ごとに馬をとりかえて、馬車の旅をつづけるという運行スタイルだった。

画期的だったのは郵便馬車で、郵便物と人間の輸送を同時におこなう乗合馬車のことである。1782年8月、ロンドンとイギリス第2の都市ブリストルのあいだを疾駆する郵便馬車の運行が開始された。この2都市間の距離は192キロあるにもかかわらず、時速12キロ、16時間で走破するという、当時としては驚異的スピードであった。

図 3-3 典型的なディリジャンス

ドイツで郵便馬車の事業を引き受けていたのは、フランツ・フォン・タクシス（1459ごろ-1517）である。タクシス家はもともと教皇庁の外交文書を運ぶ使者の役をつとめていたが、ハプスブルク家の神聖ローマ帝国とその統治領のオーストリア領ネーデルラントを往来する至急便の輸送も委託されるようになった。この事業のために当時の首都ブリュッセルに移住したフランツは、最終的には貴族に列せられた。

帝国公認の独占事業者として、タクシス家は宿駅の整備、馬と御者の配置を進めて、神聖ローマ帝国内の南ドイツやオーストリア内での郵便馬車事業を拡大していった。1650年に、神聖ローマ皇帝の認可を得て、トゥルン・ウント・タクシス家へと改名し、侯爵となった。

1806年のナポレオンによる神聖ローマ帝国解体後も、侯爵家の私企業として郵便馬車事業は運営されていて、1866年のプロイセン・オーストリア戦争で、オーストリアがプロイセンに敗北した結果、郵便事業をプロイセンに譲渡させられるまでつづいた。

馬車旅行のじっさい

かくして、17、18世紀には、どんな階層に属そうとも、支払いにこと欠かない旅人は馬車を利用した。時刻表どおりに、馬車は走るようになり、馬を定期的に交代するシステムが確立されると、夜間にも馬車の旅がおこなわれるようになった。

しかし、馬車の旅とはいえ、さまざまな危険はつきものであった。

夜盗や強盗のたぐいには、自衛手段が必要だった。ドイツの代表的文学者ヨハン・ヴォルフガング・フォン・ゲーテ（1749-1832）は、1786年から88年までのイタリア旅行でピストルを携行したし、画家・銅版画家ダニエル・ホドヴィエツキー（1726-1801）が1773年にベルリンからダンツィヒへ旅したさいは、剣で武装した（しかも、かれは駅馬車を忌避して、馬で旅した）。

古代ローマ時代には、完全舗装の幹線道路がヨーロッパ全土に整備されていたが、それ以後は荒れ放題で、フランスでは18世紀中葉まで道路整備というものはなされなかった。

道路は基本的に悪路であって、よく揺れたゆえに、乗り心地はけっしてよいものではなかった。『回想録』で知られるジャコモ・カサノヴァ（1725-98）が25歳で1750年に故郷ヴェネツィアからパリをめざして、リヨンで急行の乗合馬車ディリジャンスに乗ったときには、あまりの揺れに酔ってしまい、馬車内で嘔吐した。

フランスで全国的な道路網の整備がはじまるのは、ルイ15世治世下の1738年のことである。フランス全土の農民に、毎年一定期間の道路建設や修理に従事するコルヴェという夫役《ぶやく》を課したのだ。農民たちの負担はたいへんなものだったが、これによって、10年間で4万キロの道路が整備されることとなった。

フランスの風刺画家J・J・グランヴィル（1803‐47）の絵画は、郵便馬車の災難を描いている（図3‐4）。片側の車輪が大きな穴に落ちてしまって、男性の乗客たちが協力して引き上げようとしている。かたわらでは、女性客が荷物の番をしながら、座って見守っている。べつの場面では、急斜面を馬車が登れないために、乗客はみんな降りて、馬車の後方を自分の足で登っている。

それでも、馬車は旅の移動時間を大幅に短縮した。道路の整備と馬車の改良が進んだからである。

16世紀には、パリからリヨンまでの462キロは馬車で18日も要したが、18世紀中期には、ディリジャンスでわずか5日間まで短縮された。イギリスでも、ロンドンからスコットランド東岸の城塞都市エジンバラまでの約644キロを走破するのに12日から14日かかっていたが、

図 3-4　ジャン・グランヴィル『人生のささいな受難』より「郵便馬車の災難」

1784年に駅馬車が導入されると、所要時間はたったの60時間、のちにはさらに40時間にまで短縮されたのである。

3 旅の風景

フランス式庭園とイギリス式庭園

近代において、自然の風景を安全に楽しむ方法としては、庭園があげられるだろう。17世紀に造成された最大のフランス式庭園がヴェルサイユ宮殿のもので、平地に左右対称の幾何学模様を構成した平面幾何学式の庭園である。自然に秩序をもたらそうとする意図にもとづいた、いわば数学的な美で飾られた庭園で、バロック庭園とも呼ばれる。

だが、18世紀になると、イギリス式庭園（あるいは風景式庭園）が登場する。フランス式庭園が自然を整形した人工的な構成となっているのに対して、非対称や曲線を多用し、自然にみえる風景を造成しようとした庭園である。

ドイツ北東部ザクセン・アンハルト州にあるデッサウ・ヴェルリッツの庭園王国は、18世紀後半につくられたドイツならびにヨーロッパ大陸で最初かつ最大級のイギリス式庭園だった。ちなみに、この庭園をつくったアンハルト＝デッサウ公レオポルト3世（1740-1817）もまた、若き日にイタリア、フランス、スイス、オランダ、イギリスへ「グランドツアー」に出かけた啓蒙専制君主のひとりだった（後述）。この風景式庭園を散策するために、同時代の知識人たちはヴェルリッツをおとずれた。

かくして、かつて過酷な労働と恐怖の対象だった自然は、近代になると、眼を楽しませる風景となっていったのである。

18世紀後半にはさらに、自然に対する「崇高」という感情の存在を認めるようになった。イギリスの政治家で思想家でもあったエドマンド・バーク（1729-97）は、『崇高と美の観念の起原』（1757年）で、自然界の偉大で崇高なものは、みる者を戦慄させつつも、その魂を支配して、ほかの対象を想起できなくするような作用をもたらすと述べた。

またドイツの哲学者イマヌエル・カント（1724-1804）は、『判断力批判』（1790年）で荒々しい自然のありかたを「力学的崇高」という語で説明している。険阻な岩山、雷雲や雷鳴、暴風などの荒天、活火山、荒れ狂う大洋、大水量の滝といった暴力的な自然は非常に恐ろしいが、安全な場所でながめると、そうした自然の光景はわれわれの心を魅了する。カントはそれを「力学的崇高」と定義した。

凶暴な力にみちた自然の光景までもが、旅で楽しむ風景にかわっていく。むしろ、そうした風景をながめるために、旅人がわざわざ足を運ぶようになったのである。

ピクチャレスクとクロード・グラス

18世紀の旅行者が風景をながめるまなざしは、「ピクチャレスク」（picturesque）ということばで表現される。すなわち、かれらは「まるで絵のような」風景を探していた。

そうした風景画は、17世紀イタリアで活躍した風景画家、とりわけニコラ・プッサン（1594-1665）、クロード・ロラン（1600-82）、サルヴァトール・ローザ（1615-73）の3人が描いたものとされる（図3-5）。

いわば、かれらの風景画が現実の自然の風景をみる規範となっており、そのような風景を楽しむ旅を「ピクチャレスクな旅」だと、『ピクチャレスクに関する3つの試論』（1792年）で表現したのが、「ピクチャレスク」の理論家として知られるイギリス人思想家ウィリアム・ギルピン（1724-1804）である。

じっさいの風景を「ピクチャレスク」な風景にして楽しむための小道具も存在した。その名も「クロード・グラス」（クロード・ロラン・グラスとも）という。クロード・グラスには大別して二種が存在した。

好ましい風景画を描いた画家自身の名を冠したクロード・グラスのうち、一種目は凸面鏡で、暗色その他に着色されていて、一般的な銀色の鏡とは異なる「黒い鏡」のことだ（図3-6）。サイズは10センチ前後で、四角形のものと円形のものがある。この凸面のクロード・グラスに反射させた風景を「ピクチャレスク」な風景として楽しむのだ。あたかも自分の理想の風景を、クロード・グラスを介して所有するかのようである。

ギルピンによれば、クロード・グラスの特性は、広やかな自然の風景が凸面鏡のなかに詳細に映し出される点にあって、通常の人間が同時にみることができない遠景と近景を、全体と部分を同時にながめられることを利点としている。

図 3-5　サルヴァトール・ローザ《橋のある風景》（1645-49 年、パラティーナ美術館蔵）

眼前にある風景よりも、光学器具を経由した「ピクチャレスク」な風景のほうを楽しむという、一種の倒錯した風景体験だといえよう。風景画をながめるように、現実の風景をみたのだ。

おなじく「クロード・グラス」と呼ばれたもう一種は、折り畳み式のルーペ状のもので、レンズ部分には青、赤、黄の着色ガラスがはめこまれていて、そのガラスをとおして風景をそれぞれの色で楽しんだ（図3-7）。日蝕などを観察するのにも使用された。

自分の趣向にあわせて、自然の風景を「絵画のように」切りとって楽しむという自然の鑑賞法が普及していたのである。

図 3-6　トーマス・ゲインズバラ《クロード・グラスをもつ男》（制作年不明、大英博物館蔵）

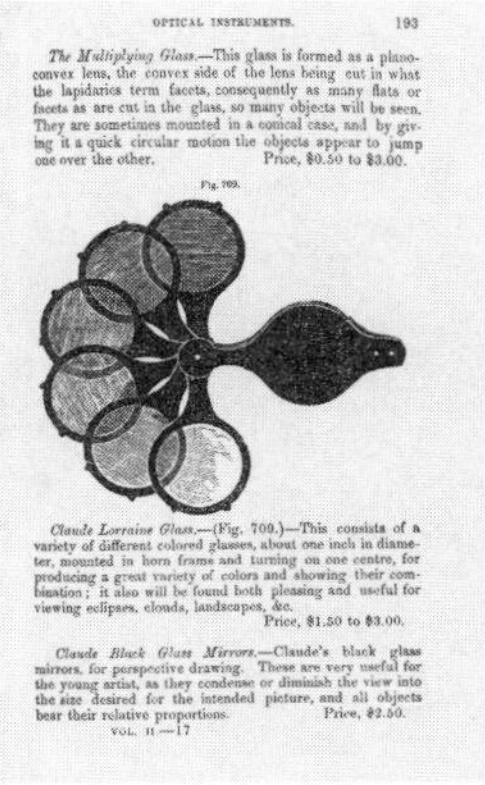

OPTICAL INSTRUMENTS.　193

The Multiplying Glass.—This glass is formed as a plano-convex lens, the convex side of the lens being cut in what the lapidaries term facets, consequently as many flats or facets as are cut in the glass, so many objects will be seen. They are sometimes mounted in a conical case, and by giving it a quick circular motion the objects appear to jump one over the other. Price, $0.50 to $3.00.

Fig. 709.

Claude Lorraine Glass.—(Fig. 709.)—This consists of a variety of different colored glasses, about one inch in diameter, mounted in horn frame and turning on one centre, for producing a great variety of colors and showing their combination; it also will be found both pleasing and useful for viewing eclipses, clouds, landscapes, &c.
Price, $1.50 to $3.00.

Claude Black Glass Mirrors.—Claude's black glass mirrors, for perspective drawing. These are very useful for the young artist, as they condense or diminish the view into the size desired for the intended picture, and all objects bear their relative proportions. Price, $2.50.

VOL. II—17

図 3-7　ベンジャミン・パイクのカタログ（1856年）に掲載されているクロード・グラス

4 高等教育としてのグランドツアー

大学よりも体験旅行

啓蒙主義の時代、イギリスの大学教育は信用を失っていた。オックスフォードとケンブリッジにあるふたつの大学では、旧態依然としたコースやカリキュラム、形骸化した試験や学位が残り、教員自身の能力やその活動も低迷していた。

それゆえ、パブリック・スクール（エリート教育をおこなう私立学校）などの中等教育を修了すると、イギリス貴族の子弟たちはヨーロッパ大陸へ旅立った。当時の先進国イタリアとフランスで知識、教養、マナー、外国語を習得するためである。

それこそが、グランドツアーと呼ばれた貴族の子弟たちの「修学旅行」であった。とはいえ、旅行期間はたいてい数ヵ月から2年にもいたったために、現在の感覚では「留学」に近い。こうした長期滞在が可能であったのは、同時代の戦争に起因して、借地料が急騰したために、広大な領地を所有する英国貴族の収入が飛躍的に増大したことによる。

のちにアルプス登山の黄金時代を成立させたのが裕福な英国人たちであったのは、イギリス本国ではできない体験を希求した点で、貴族の子弟がグランドツアーでヨーロッパ大陸旅行をおこなっていた慣例と連動しているだろう。

平均年齢が18歳とされる貴族子弟たちのお抱え家庭教師として同行したのは、学識豊かな牧師や学者だった。とりわけ有名なのは、『リヴァイアサン』(1651年)を出版した哲学者トマス・ホッブス(1588-1679)、『国富論』(1776年)を主著とする「経済学の父」アダム・スミス(1723-90)である。子弟に同伴してフランスやイタリアをおとずれて、現地の優れた学者との交流によって、みずからの思想や学問を完成させたのだ。

ちなみに、イギリス貴族の子弟ばかりがグランドツアーに旅立ったわけではない。ヨーロッパ諸国の王家の令息のほか、上級・下級の貴族、将来を約束された政治家・外交官、裕福な資産家の子弟たちも、フランスのパリやイタリアのローマ、ヴェネツィア、ナポリなどに長々と滞在した。

たとえばドイツでは、ブランデンブルク＝バイロイト辺境伯クリスティアン・エルンスト(1644-1712)がヴェネツィアで過ごしたさいの相手は、高級娼婦、修道女、芸術家にくわえて、ろくでもない連中たちだけだった。一方で、ザクセン選帝侯フリードリヒ・アウグスト1世(強王、1670-1733)のばあいは、フランス、スペイン、イタリア、オーストトリアで3年間も遊学し、自身の都ドレスデンのバロック建築や宮廷の祝典に関する着想を得た。

ロシア皇帝ピョートル1世(1672-1725)は1697年から98年にオランダ、イギリス、ドイツ、オーストリアへ遊学し、造船技術、政治・社会制度、税制、重商主義などを学んだ。帰国後に、かれが軍の近代化、大規模な行政・税制改革をおこなったのはよく知られている。

イタリアまでのルート

イギリス貴族の御曹司たちの旅立ちは、以下の準備からはじまる。組み立て式鉄製ベッドと寝具一式を収納したトランクや木箱、護身用の銃、薬箱とともに、パスポート、健康証明書、為替手形、紹介状である。これらのものをそろえた一行は、まず港町ドーヴァーをめざす。

宿屋の寝具はノミ、ダニなどの害虫だらけゆえに、寝具一式を持参するのであり、紹介状は現在とおなじく、外国の宮廷や貴族のサロンその他への出入りに効果を発揮する。

ドーヴァーから対岸のフランスのカレーまでは約40キロ、現在はこの海峡の下に海底トンネルが開通しているが、この時代は悪天候を避けるために、1週間待つこともめずらしくなかった。

カレーに着くと、有名な宿屋で宿泊、さらに馬車を購入する。そして、めざすは同時代最大の王都パリである。パリは、ほかのヨーロッパ諸国にとっては知性とモードの中心地で、イギリス貴族の子弟のみならず、学者、文化人、芸術家、商人、山師といった人びとが、あらゆる国から期待と好奇心にあふれてやってきた。

ノートルダム大聖堂、ソルボンヌ大学、のちに世界最大級の美術館となるルーヴル宮殿、王族が住むパレ・ロワイヤルのほか、多くの公園や教会、遠出してヴェルサイユ宮殿などの名所旧跡を見学する。紹介状があれば、大貴族の館に来訪して、豪奢な暮らしぶりや美術コレクションを鑑賞させてもらえた。夕方からはオペラや芝居観覧を楽しんだ。あるいはフランス貴族たちのサロンで、会話術やマナーなどの社交術をみがこうとした。

だが、御曹司たちはこうしたまじめな体験学習ばかりをおこなったわけではない。

1789年のフランス革命以前とは、フランス貴族たちがいわば快楽をむさぼるためだけに生きていた時代である。贅沢なホームパーティー、仮装舞踏会、演奏会などにこと欠かない。危険な誘惑が多いのだ。

危険な遊びのひとつはギャンブルである。世間知らずの若者ゆえに、よいカモにされて、多額の借金を負ってしまうこともあった。

もうひとつは女性経験である。とはいえ18世紀のイギリスやフランスでは、とりわけ貴族階級のばあいは、性に自由放埒《ほうらつ》な道徳規範であったために、むしろグランドツアーで女性との性的関係を体験してくることが望まれていた。

それゆえ、貴族の親たちが心配していたのは、歌手、踊り子、売春婦などの身分の低い女性と関わりをもって、大金をだまし取られたり、性病にかかったりすることなのである。

パリをひととおり楽しんだのちに、もうひとつの目的地イタリアをめざすことになるが、スイスを経由するばあい、積雪の多い冬は避けるべきであり、さらにアルプス越えの山道は馬車が通れないほどの狭さであった。

そこで、フランスを南下して、南東部プロヴァンス地方の地中海沿岸の保養地コート・ダジュールで馬車ごと船に乗って、イタリアのジェノヴァにむかうのである。中東部のローヌ河畔の町リヨン、ローマ法王領アヴィニヨン、港湾都市マルセイユなどを通過して到着するニースは、1860年まではイタリア領だった。一般的には、ニースからジェノヴアへは船旅のルートが取られた。

イタリアにて

古代の著名な遺跡が待ち受けるローマをめざして、イタリア北西部の港町ジェノヴァに上陸、旅程を急いでトスカーナの要地フィレンツェで滞在する。というのも、メディチ家が支配し、レオナルド・ダ・ヴィンチ、ラファエロ、ミケランジェロなどの大家たちが活躍したルネサンス期の文化と政治の中心地だったからである。

数週間、ルネサンスの傑作芸術を収蔵したウフィッィ美術館を筆頭に、大量の彫刻や絵画で装飾された宮殿や教会に来訪したのちに、食傷してきたころ、いよいよローマへの最後の旅がはじまる。馬車で4日の旅程である。

91メートルの高さを誇るサン・ピエトロ大寺院の丸屋根がみえると、ローマに到着した証拠だ。宿探しが終わると、まず古美術研究家を雇用する。名所案内をしてもらうためである。絵画、彫刻、建築、遺跡の現物をじっさいに眼にしながら、かれらの講義を聴いて、鑑賞眼をやしなうのだ。

この古美術研究家は、美術講義のほか、社交界やローマ貴族への紹介状、美術品購入とイギリスへの配送も手配してくれるという有能なガイドであった(図3-8)。

しかしながら、ローマの壮麗な遺跡や古美術への関心が持続する御曹司はごくわずかであって、たいていはおなじイギリス人の若者どうしで享楽的な遊びに没頭するようになる。

かれらが欠かさないのは、ローマの名所旧跡を背景に記念の肖像画を描いてもらうことだ。この点は現代の記念写真とかわらない。くわえて、遺跡の絵はがきや銅版画、名画の複製などで、現地の画家やローマで修業中の画家に多くの仕事をあたえた。しかも、審美眼のないイギリス貴族の子弟たちが購入する骨董品や芸術品は、それらしくつくられた偽物ばかりということになる。

図 3-8 遺跡の解説を聞いているイギリス貴族、カール・シュピッツヴェーク《カンパーニャのイギリス人》(1845年ごろ、ベルリン、国立美術館蔵)

遺跡めぐり、カーニヴァル、社交を楽しんだのちには、215キロ南方のナポリまで足をのばす。人口40万人のナポリは当時、イタリア最大の都市で、背後のヴェスヴィオ火山やナポリ湾なども風光明媚だった。

大都市ナポリは南国のにぎわいで、町中の色づかいもきわめて派手で、活気がみなぎっている。18世紀当時、3つのオペラ劇場、4つの音楽学校があり、音楽の街でもあった。ヴェスヴィオ火山のふもとには、噴火で埋もれたポンペイとヘルクラネウムという古代都市があって、18世紀中期に再発見され、発掘が開始されていた。気がむいた御曹司は地下へのトンネルをくぐって、すこし奇抜な観光名所として地下の古代遺跡を見学した。

そして、グランドツアーはたいていこのナポリが最南端で、ローマにひき返したのち、アドリア海に面するイタリア北部の都市ヴェネツィアをめざして北上するのである。

ゴンドラが運河をいき交《か》うヴェネツィアもまた享楽の町で、半年ものあいだ、カーニヴァルがつづくのだ。身分に関係なく、人びとは仮面をつけて街を出歩いて、舞踏会、ギャンブル、花火、芝居やオペラを楽しみ、露店や商店も深夜まで営業している。とりわけ、この水の都はルネサンスの時代から高級娼婦の町としても名高かった。

ヴェネツィアから先は、ハプスブルク家の統治下にあったロンバルディア地方のミラノへ立ち寄って、あとはフランスのカレーを一路めざすのである。

旅のあとに

数ヵ月から数年におよぶグランドツアーは、多くの子弟にとっては生涯に1度の豪遊旅行であった。賭博や遊興、放蕩のみを覚えてきた者もいれば、正しく美術愛好家になってきた者もいる。後者の人びとは18世紀中盤以降、イギリス国内の建築や室内装飾で、古代ギリシア・ローマを美的規範とする新古典主義隆盛に貢献することとなった。

その一方で、グランドツアーへの批判も少なくない。アダム・スミスやジャン＝ジャック・ルソー（1712-78）は、グランドツアーに出かけた若者たちがたいした語学や教養も修得せず、むしろ堕落して戻ってくると、苦言を呈した。

ところが、18世紀末になると、グランドツアーという慣習そのものが終焉をむかえる。産業革命が進展していく過程で、イギリスでは富裕な商工業者階層《ブルジョワ》が台頭してきた結果、グランドツアーに旅立つ人間が貴族だけではなくなっていったからである。

豊かな市民たちが馬車でヨーロッパ大陸へ旅行することは、めずらしくなくなったのだ。1821年にはドーヴァーとカレーを結ぶ蒸気船の定期便が設置されて、1828年にはフランスで鉄道敷設が開始された。

テクノロジーの発展と普及によって、貴族のステータスであったグランドツアーは終わった。旅行は大衆のものとなり、団体旅行の時代がやってくるのである。

5 トマス・クックがプロデュースする観光旅行

団体旅行の意義

世界最初の旅行代理店を設立したトマス・クック（1808-92）は、19世紀初頭にイギリス中部ダービシャー地域のメルバーンで生まれた。家が貧しかったために、小学校中退後に園芸家、家具職人のもとで徒弟奉公をしながら、プロテスタント最大教派のひとつバプテイスト派の日曜学校へ通った。

この日曜学校は小学校で学べずに働いている少年のために、有志がボランティアで教えていた学校で、最初は生徒、のちに先生、さらに校長となったクックだが、その当時はまだ20歳前後だったのは、資格が不要だったからである。

自身と同様の貧しい人びとに奉仕するという精神は、そうした時期から形成されていた。くわえて、大衆が旅行に出て、現地で歴史や地理を学び、自然の驚異や名だたる美術品を鑑賞することに教育的価値があり、あるいは遠方の現地の人びととの交流で友愛精神を深めることによって世界平和に貢献できるという信念を、クックはもっていた。

トマス・クックが多くの労働者たちにそれまでになかったような旅行を提供した背景には、キリスト教的奉仕と大衆教育への寄与精神があったのだ。

近代ツーリズムの祖と呼ばれるトマス・クックの旅行事業は、旅行を単純化し、大衆化し、低価格化した。とはいえ、団体旅行とおなじく、食事券と宿泊券をセット売りするという画期的なホテル・クーポンも、かれが最初の発案者でない。だが、クックは世界各地への団体旅行を企画し、だれもが気楽に参加できる団体旅行を確立したのである。

かれの会社でホテル・クーポンおよび鉄道と汽船の周遊券を買えば、現金はわずかなポケットマネーだけで、世界一周旅行でさえも楽しめるというシステムを考案した（図3-9）。旅立つまでに、旅に必要なすべての費用を前払いするパッケージ旅行のことである。これによって、それまではほぼ特権階級のみができた海外旅行が大衆にも可能になったのだ。

クックの性格をさらに特徴づけるのは、禁酒運動である。これはかれが活躍した時代とも大きく関連している。

19世紀中期からはじまったヴィクトリア朝時代はイギリス帝国主義の最盛期であって、労働者階級の生活状況が改善されつつあった。いくつかの法律によって、日曜日以外の休日が増え、過酷な労働時間が制限された。労働者たちの労働条件が緩和されて、賃金も上昇し、余暇時間も増大したのである。

すでに18世紀には、外国産ブランデーの輸入を阻止するために、イギリス政府が国産のジン製造を奨励していた。くわえて、１８３０年に制定されたビアハウス法はビアハウス開業の規制緩和と自由化をうたうものだったために、同年にビアハウスが3万軒も開業されて、既存のパブリック・ハウスと客を奪いあった。

図 3-9 トマス・クック社発行のアメリカ旅行クーポン

しかも、労働者の伝統的な娯楽は飲酒だった。それゆえ、余暇の増大は労働者を飲酒によって堕落させると考えられた。これに対して、1820年代末期からはじまった禁酒運動は、禁酒による労働者の道徳的向上をめざすもので、1830年代に禁酒運動は大きく展開されていた。

こうした状況下で、みずからも禁酒協会に属していたトマス・クックが、飲酒にかわる健全な娯楽として提供したものこそ、団体旅行だったのである。すなわち、近代ツーリズムは禁酒運動から誕生したといえよう。

19世紀初頭まで、英国貴族の子弟たちだけが頻繁におこなっていたグランドツアーに対して、クックは労働者に同等の旅行体験を提供したのだ。

トマス・クックの団体旅行

クックがプロデュースした最初の団体旅行は、1841年7月5日のミッドランド東部の都市レスターから18キロ離れたラフバラーまでの往復旅行である。参加者は禁酒運動家で485人もしくは570人とされており、ラフバラーでの禁酒運動大会に参加するためであった。

数千人ともいわれる大群衆が見送りに集まっていたのは、その列車が貸し切りの特別列車であり、しかも鉄道が開通してまだ2年足らずゆえに、たいていの乗客が列車に乗ること自体が初体験であったからである。

2等車1両、屋根も座席もなかった当時の3等車9両という編制の臨時列車がラフバラーに到着すると、おなじく大群衆とバンドの演奏に歓迎されて、禁酒運動家一行は会場の公園まで行進した。

一行は会場でサンドウィッチの軽食をとったのち、ほかの都市からの参加者を駅まで出迎えにいったりと、再度、市中を行進してから会場の公園に戻った。ティータイムのあとはダンス、クリケットなどの娯楽に興じ、夕方18時から3時間は飲酒反対のスピーチがおこなわれた。

特別列車がレスターに帰着したのは22時半で、またもや大群衆が到着を待っていた。こうして、料金1シリング（約2500円）の日帰り団体旅行は無事に終了した。これは禁酒運動大会のためにクックがひとりですべて組織した記念すべき最初のもので、臨時列車の予約、軽食、ティータイム、娯楽、スピーチ、切符の宣伝・販売まですべて手配している。

同時代に団体旅行の前例はあるが、広告で参加者を募ったのはクックが最初である。この日以降、クックの旅行プロデュース業は継続していく。

スコットランドツアー

トマス・クックは最初の団体旅行の成功によって、禁酒協会会員と日曜学校の子どもたちのために、さまざまな日帰り団体旅行の手配業務を依頼されるようになった。この時期、クックは家具職人にして、本屋、印刷業、出版業を兼業する禁酒協会幹部だった。

近郊の日帰り旅行で経験を蓄積したクックが、ついに数日がかりの団体旅行をはじめて企画したのは１８４５年夏のことである。レスターから約２００キロ離れた中西部ランカシャー地方の港町リバプールが目的地で、鉄道会社４社の路線を乗り継ぐという新方式だった。

この19世紀中期には、イギリス国内に多数の鉄道会社が濫立しており、しかも各社の路線は平均して24キロという短距離ゆえに、鉄道旅行に乗り継ぎは不可避であった。

このリバプール団体旅行では、さらに新機軸として、希望者には北ウェールズ地方の観光地、対岸のアングルシー島をながめられるカナー・ヴォンや同地の最高峰スノードン山までの観光をオプションにしている。

クックは団体旅行を企画するばあい、みずから最低2度は現地で下見をして、名所旧跡の有無、レストランや宿泊施設の調査をおこなった。それほどに徹底した慎重さであった。さらに、かれは参加者用のガイドブックも自身で執筆、出版した。印刷業と出版業も兼ねていたクックならではの用意周到さであって、これもクックの独創性のひとつに数えられる。

さて、不手際もあったものの、2度のリバプールツアーをおおむね成功させたクックの団体旅行のつぎなる目的地は、さらに北方のスコットランドだった。

スコットランド王国は1707年にイギリスへ併合されたために、イギリスに対する反感が根強い土地であった。ところが、1814年以降、歴史作家ウォルター・スコット（1771-1832）によるスコットランドが舞台の長編歴史小説群がベストセラーとなると、愛読者たちは歴史小説の舞台スコットランドの観光を切望するようになった。

現在でいうところの「聖地巡礼」を1842年におこなったのは、スコットの愛読者だったヴィクトリア女王とアルバート公夫妻である。イギリス王室も来訪したスコットランドの観光地としての人気は高まる一方だった。

だが、1847年に鉄道が開通するまで、スコットランドとイギリスは鉄道網では結ばれていなかった。それゆえ、ロンドンからスコットランドの首都エジンバラにいくのは、金銭的余裕があってさえも、郵便馬車で45時間半も要するものだった。

この難題に挑戦したトマス・クックは、鉄道と蒸気船を乗り継いで、グラスゴー経由でエジンバラへむかう旅程を考案した。1846年にクックは12歳の長男ジョン・メイスンを助手にして、現地を2度検分し、やはりガイドブックも編集出版している。

しかし、350人が参加したこのスコットランドツアーは失態がつづいた。途中の鉄道駅2ヵ所で紅茶、夕食が出なかったうえに、汽船に乗船すると、1等客室が不足したために、多数のツアー客が甲板で寝なければならなかった。

とはいえ、スコットランド南西部最大の都市グラスゴーでは、大歓迎を受けた。イギリスからスコットランドへ来た最初の団体旅行だったからである。市庁舎では夜会までも開催された。

翌日に到着したエジンバラでも、一行は大歓迎を受けて、おなじく夜会も催された。

このツアーから戻ってまもない1846年7月末に、なんとトマス・クックは1度、破産している。だが、翌1847年からはまた事業を再開して、スコットランド団体旅行を手配した。同年途中でイギリスとスコットランドを結ぶ鉄道路線が開通したので、エジンバラまで列車の乗り換えのみで到達できるようになった。

1848年から61年まで、ほぼ毎年夏に4度、クックは添乗員として同行した。とはいえ、クックが斡旋したのは、往復の列車と現地観光のみであり、宿泊は参加者自身にゆだねられていた。

この時期の列車には食堂車も化粧室もなかったために、乗り換えや途中停車中の駅で食事や用をすまさなければならない。それゆえ、食事や飲みものでいっぱいのバスケットを乗車時にもちこむのがふつうだった。一般の車両に化粧室が設置されるようになるのは1881年で、3等車に食堂車がはじめて導入されたのは1891年のことである。

クックのスコットランドツアーは社会的信用が高かったらしく、参加者の半数以上が女性で、個人での参加だったと、かれ自身が記している。当時のヴィクトリア時代は女性が抑圧されていた男性優位社会だったにもかかわらず、クックの団体旅行は女性のひとり旅も可能にしたのである。

そのあいだの1856年に、トマス・クックはふたつの独創的なツアーを開拓している。

2000人の小学生をツアー客として、スコットランドの首都エジンバラの史跡に来訪する旅行を実施した。ガイドが歴史上の由来を説明するなど、まさしく現在の修学旅行の原型となるものだ。

さらに、貸し切り夜行列車のツアー、「月光の旅」(moonlight trip) を開始する。週末の夜に臨時夜行列車で海辺のリゾート地に移動し、翌日夜に臨時列車に乗り、翌々朝に帰ってくるという団体旅行である。当時はまだ休日が少なかった労働者に最適で、車中泊ゆえにホテル代もかからないのがリーズナブルだった。

ところで、1862年、スコットランドの各鉄道会社は一斉にトマス・クックに対して割引切符の発行中止を宣言する。需要が高まりつつあるスコットランド旅行を、鉄道会社がみずから企画するほうが利益になると判断したためである。

スコットランドツアーの中止を余儀なくされたクックだが、その結果として、ついにヨーロッパ大陸への団体旅行を構想するにいたるのだ。

万国博覧会の時代

世界最初の万国博覧会は、1851年5月1日からロンドンのハイドパーク公園で開催された。近代科学と人類の知の発展をじっさいに見学し、国際的友好と人類の華々しい未来を称揚するのが、発案者アルバート公の目的だった。

展示会場として建てられたのは、鉄骨と総ガラス張りの3階建ての巨大建築物である。その斬新さと前衛ぶりゆえに、風刺雑誌が「クリスタル・パレス」（水晶宮）と命名している。

この展示会場の半分で、大英帝国とその植民地の製品や産物が展示され、残り半分のスペースは、世界各国の出品ブースとなっていた。

5ヵ月の開催期間での入場者数は600万人以上におよんだが、トマス・クックが関与したのはこの全入場者のうち16万5000人で、約3パーセントにあたる。ミッドランド地方の労働者たちをロンドンに送りこんだのだった。

息子ジョン・メイスンとともに、ミッドランド地方やノース地方の都市で万国博ツアーの宣伝をしてまわったクックだが、このさいに「博覧会クラブ」入会を勧誘した。入会すると、万国博ツアーの参加費用をまかなうために、労働者の賃金から毎回一定額を積み立てるという面倒をみてくれるのである。

クックは、地方からの万国博日帰りツアーを実施したほか、宣伝のための旅行雑誌『エクスカーショニスト』を創刊した。このイギリス最初の旅行雑誌はのちに、第2次世界大戦勃発までクックの旅行会社の主要宣伝媒体となった。

1855年5月に、第2回目の万国博覧会を開催したのはフランスである。パリでは、工業館、機械館、美術館で大々的に展示がおこなわれた。

イギリス人をパリ万国博に送りだそうと、活躍の場をみいだしたトマス・クックは3度大陸へ旅立ち、フランスやベルギーの鉄道会社、船舶会社と交渉したが、団体割引運賃の交渉は不成功に終わった。

最終的に、契約によって団体割引運賃が適用されたのは、レスターからフランスへの玄関となる港町カレーまでの往復運賃で、イギリス国内分だけだが、イギリスからの多くの利用者が購入したために、収益はあった。

その一方で、このパリ万国博の年、クックは2週間のヨーロッパツアーをはじめて成功させている。

ロンドンを発して、イギリス東部エセックス地方の港町ハーウィッチから蒸気船でベルギーの港町アントワープにわたり、ベルギー、ドイツ、フランスの諸都市をパリまで巡遊する。フランス北西部の港町ル・アーブルからイギリス南部の港町サウザンプトンまで船で帰国してから、ロンドンに戻るという旅程である。

クック自身が添乗したこのツアーの参加者は25人で、クックがフランス語もドイツ語もできないために、さまざまなハプニングが発生すると、参加者の語学力に助けてもらうことも少なくなかった。

1度目の参加申込者が多かったために、参加者50人の2度目のヨーロッパツアーが企画された。2度目は万事順調であった結果、ツアー参加者全員の署名入り感謝状をクックはもらっている。

だが、結果としては赤字に終わっており、大陸ツアーは数年間、休止している。

ふたたび1861年には、パリで開催される労働者の祭典に参加するイギリスの労働者のために、パリツアーを企画する。今度は、ロンドンとパリの往復運賃のほか、ホテルと夕食も安価で契約できた。

トマス・クックが世話したミッドランドとノース両地方からの参加者825人で、イギリスからの全参加者1673人のほぼ半数をしめた。クックは参加者を10グループほどに分割して、フランス語を話せる者をリーダーとする方式を採用した。グループごとに乗合馬車、辻馬車を利用して、名所旧跡を観光したのだった。

このパリツアーはクック初の労働者を対象にした海外団体旅行で、翌1862年にも開催されたが、やはり2回とも赤字に終わっている。


同年、2度目のイギリス万国博覧会がロンドンで開催された。しかし、今回はいつも協力してくれた鉄道会社が自社で万国博ツアーを実施することになったために、活躍の場をなくしたクックは宿泊施設の手配を専業とした。

そこで、完成目前の賃貸用マンションビルを万国博開催期間にまとめて借りあげて、クックが運営した。大ホールを食堂に転用し、ボリュームある朝食も用意した。もちろん、禁酒禁煙である。

万国博が開催されると、クックの宿泊施設は大好評を博したために、隣接するビルも借り受けたほどだった。最終的に、万国博終了までに2万人が宿泊している。宿泊所の手配にも、クックの豊かな経験に一日《いちじつ》の長《ちょう》があったといえよう。

そして、この1862年にレスターからロンドンに活動拠点を移転し、心機一転したクックは3回目の大陸ツアーを計画する。スコットランドの鉄道会社がすべて、イギリス本土からのスコットランド旅行を自社で運営することを決定したためだった。

１８６３年に再度のパリ来訪での交渉によってクックが開拓したのは、イギリス南東部の港町ニューヘイヴンから蒸気船でフランス北西部の海港都市ディエップへ上陸、そこから鉄道でパリへむかうという新ルートである。もちろん、最短ではなかったが、このルート確保に成功したおかげで、ようやくイギリスからヨーロッパ大陸への団体旅行を安定供給できるようになった。以後5年のあいだに、クックの団体旅行で7万人のイギリス人旅行客がパリの地を踏んでいるが、１８６７年4月に開催された2度目のパリ万国博では、2万人のイギリス人をパリへ連れていくことができたのである。

この１８６３年のパリツアー成功を皮切りに、トマス・クックは大陸での団体旅行を続々と開拓していった。

同年にはさっそくスイスツアーをプロデュースしている。後述するイギリス人アルピニストのアルプス登山ブームとも連動していた。

ひきつづき、イタリアへの団体旅行も構想したクックは、スイスツアーが成功した同年にトリノ、ミラノ、フィレンツェ、ジェノヴァを視察していた。翌１８６４年7月上旬にクック最初のイタリアツアーが実施されている。

この団体旅行には140人が参加し、ローマとナポリを観光した。クックが添乗員をしていたほかに、プロのガイドがはじめてロンドンから同行したのだった。

さらに、アメリカツアーが1866年4月におこなわれた。60人の参加者で9週間の北米ツアーだった。添乗したのは息子のジョン・メイスンである。

ちなみに、トマス・クックの旅行代理業の名声が高まっていく過程で、顧客層は移りかわっていった。最初は労働者階層であったが、ヨーロッパ大陸ツアーを運営するうちに、中産階層が顧客となり、最終的には団体旅行を嫌う上流階層の人びとも個人的な旅行の世話を依頼するようになった。

イギリス国教会の総本山カンタベリーの大主教、インドの王侯貴族たちのほか、ヴィクトリア女王、ドイツ皇帝ヴィルヘルム2世、ロシア皇帝ニコライ2世などの国家元首までが顧客になったほどである。

熱心なキリスト教徒だったクックが聖書の地パレスティナをおとずれたのは、1868年のことである。翌1869年にエジプトのナイル川とパレスティナのツアーを企画すると、参加者32名が両方に、30人がパレスティナに応募があった。

ナイル川での船旅もふくめた3週間のエジプト旅行では、ギザのピラミッド群に来訪して、じっさいにピラミッドに登ることができた（現在は禁止）。このエジプト旅行のために、トマス・クックは現地の族長と協定を結んでいた。

パレスティナ旅行は、蒸気船でレバノンの港町ベイルートまで、そこから聖地エルサレムまで砂漠を横断する。しかし、宿泊施設はないため、キャンプを連日、設営しなければならなかった。62人のツアー客のために、21の宿泊用テント、ふたつの食堂テントに3つのキッチン用テントのほか、カーペット、ベッドも準備された。

乗馬用馬65頭、荷物用馬とラバ87頭にくわえて、さらには28頭のラバ、3人の現地ガイド、召使いとコック18人、ラバ追い56人、番犬5匹の大キャラバンである。

このオリエント旅行がもはや大衆相手ではないのは明白だが、砂漠のキャンプ旅行は大人気ツアーとなった。1890年代には参加者1000人でも対応できるほどに設備を拡張し、ピーク時には馬を1000頭以上そろえていた。

ところで、このエジプト・パレスティナ旅行を実施した1869年は、エジプト北東部で地中海と紅海とを結ぶスエズ運河が開通した年でもある。この運河工事を立案遂行したフランス人外交官フェルディナン・ド・レセップス（1805-94）は、クックの知人で、開通式にかれを招待していた。

そこで、トマス・クックはスエズ運河開通式観覧ツアーを企画した。あらゆる機会をツアーへと構想してしまうクックの企画力に脱帽である。

宿泊には、ヴェネツィアから乗船してきた「アメリカ号」をそのまま利用した。開通式の日には、世界各国の貴賓の船で構成された48隻の船団が運河を航行したが、アメリカ号の順番は36番目だった。

それにしても、スエズ運河の開通は歴史的大事件だった。既述のとおり、西洋からアジアへむかうさいには、これまではアフリカ大陸南端を経由しなければならなかったのが、この運河のおかげで、アフリカ大陸を周航せずとも、地中海から紅海へとすぐに通過できるようになったのだ。

さらに、同年1869年には、交通をめぐる画期的な大事件がもうひとつ発生していた。アメリカでは、1828年の最初の鉄道ボルティモア・アンド・オハイオ鉄道の起工を皮切りに、各地で鉄道建設がはじまっていたが、なんと1869年5月10日に全長2860キロの北アメリカ大陸を横断する大陸横断鉄道が完成したのである。この長大な鉄道によって、大西洋と太平洋が陸路で結ばれたのだ。

スエズ運河開通とアメリカ大陸横断鉄道完成という2大事件は、トマス・クックに世界一周ツアーを構想させる企画材料として充分すぎるものであった。

団体旅行で世界一周

クックが添乗する世界最初の世界一周旅行ツアーがリバプールから船で出発したのは、1872年9月下旬のことである。

参加者は8人で、13日間の大西洋横断航海のあと、アメリカ合衆国最大の都市ニューヨークから大陸横断鉄道に乗車した。寝台車で7夜を過ごして、ナイアガラ、デトロイト、シカゴ、ソルトレークシティ、カリフォルニア州西海岸の世界都市サンフランシスコまで、文字どおりアメリカ大陸を横断した。

太平洋横断には24日を費やして、日本の横浜のホテルで宿泊した。1872年は明治5年、明治政府が文明開化を推進していた時期である。クックによると、日本は清潔さ、友好度の点でも非常に高評価で、牛肉もイギリス出発以降でもっとも美味と記している。瀬戸内海も船で通過したが、その風景美を絶賛した。

中国の上海、香港、シンガポール、セイロン島と船で移動し、インド南部のマドラス（現チェンナイ）に上陸後、ベンガル湾を北上、さらにフーグリー川を遡行して当時の首都カルカッタ（現コルカタ）に到着、5日間を過ごした。ひきつづいてのインド観光は、寝台車、化粧室、浴室をそなえた鉄道車両を3週間貸し切っておこなわれている。インド西部の港湾都市ボンベイ（現ムンバイ）からはふたたび船旅となった。アラビア半島南端の南イエメンの要港アデン、スエズ運河を通過して、最終目的地カイロに到着すると、ツアーは解散となった。

かくして222日間、4万2000キロを踏破した世界一周の旅は無事に終了した。ところで、このクック最初の世界一周旅行が開始された1872年は、フランスの小説家ジュール・ヴェルヌ（1828－1905）が『80日間世界一周』をパリの日刊紙で連載していた年であり、単行本はその年末に刊行されている。イギリス人紳士フィリアス・フォッグが仲間との賭けで、召使いのパスパルトゥーとともに80日間での世界一周に挑戦する冒険譚である。

ピアーズ・ブレンドン『トマス・クック物語　近代ツーリズムの創始者』（中央公論社、1995年）によると、『80日間世界一周』はじつは、パリ散策中のヴェルヌがクック社の世界一周旅行の広告を偶然に眼にしたのが執筆の契機になったと、かれの伝記作家で姪でもあるマルグリート・ド・ラフュエが証言している。

1892年にトマス・クックが死去するまでに、息子ジョン・メイスンの推計によると、20グループ、総計約1000人がクックの手配で世界一周旅行に参加したという。トマス・クックは卓越したアイデアから当時は新奇だった旅行産業を立ち上げてから、ついにはルーティンとして世界一周旅行が実施される時代を到来させたのである。

6 伝説の南方大陸を探して

新しい世界航海の誕生まで

イギリス海軍士官ジェームズ・クック（1728-79）による3度の世界航海で、世界地図の南太平洋、北太平洋部分が探検されるのだが、それまでに、中世から18世紀中期までの航海術に関する問題点が克服されていった。

耐久性のない船舶、不完全な観測機器、壊血病（ビタミンC欠乏に由来する出血やさまざまな障害が発生する疾患）の蔓延、組織化されていない船員たちといった問題のほか、国家と投機的商人と勇猛な船乗りによる航海の成果は秘匿されたために、マゼラン以降の2世紀にわたる地理学の発見の成果は断片的なままだったのである。

18世紀の探検航海を主導したのは、イギリスとフランスだった。イギリスではロンドンに王立学会が1662年に、グリニッジに天文台が1675年に設立された。同時期のフランスでは、パリに科学アカデミーが1666年に、天文台が1671年に設置されたのであり、両国は18世紀後半の探検航海でもしのぎを削ることになる。

というのも15世紀末、世界の2大強国はスペインとポルトガルであって、アフリカ大陸、南米大陸の南端を経由する南方航路を開拓し、東洋貿易を独占していた。16世紀初期に勃興したイギリスやフランスは北東航路、北西航路を開拓して、東洋との交易をおこなう以外に手段がなかったからである。

とはいえ、ヨーロッパでは1680年代から1710年代までは戦争がつづいたために、世界航海がなされる余裕などはなかったが、地球の地理学や航海術に関する知識が公刊されて、科学的な知見が普及していった。

18世紀にはヨーロッパの人口が急激に増加したために、各国政府の海外進出や探検航海に対する関心が高まり、遠洋航海のための組織化と教育が進められるようになった。たとえばフランスでは、海軍士官に高度な科学教育がなされたために、優れた天文学者や数学者を輩出した。

1766年から69年の3年間でフランス人初の世界航海を成功させ、1771年には航海記を出版した海軍士官ルイ＝アントワーヌ・ド・ブーガンヴィル（1729-1811）は、哲学者・数学者・物理学者ジャン・ル・ロン・ダランベール（1717-83）の弟子だった。

船舶も進化した。中世では13世紀に生まれた軽走帆船のカラベル船が世界航海に使用されたが、16世紀中葉から大型帆船のガレオン船が登場する。17世紀には軽巡洋艦のフリゲートが用いられた。

そもそも、造船技術は船大工が秘法を隠匿してきたが、パリでは1765年に造船技術者を養成する学校が創立されたりと、技師による造船技術が発達した。材料には銅板などの金属が用いられて、船体が強化されたほか、船体内部設備も改善された。帆の改良によって、操船技術も向上した。

18世紀中期のクック以降、大型の貨物船や輸送船が探検航海でもっぱら使用された。帆船そのものは18世紀末には技術的に頂点に達していたのである。

決定的だったのは、月と太陽の距離で計算する方法と精確なクロノメーター（時計）の開発によって、厳密な経度の測定が可能になったことだ。緯度は太陽の高度から計測するのが容易だったが、経度は測定が困難だったために、イギリスでは１７１４年に経度測定法の発見者に懸賞金をあたえる法律を制定していた。

天文学と数学を駆使した経度測定によって、新しく発見された海岸や島の位置を精確に記録できるようになったために、探検航海の地理学上の成果を正しく集積できるようになったのである。

成果の集積という点では、探検航海の組織化も寄与した。士官たちには諸分野の情報が供与されたし、天文学者、博物学者などの自然科学者のほかに、風景画家が同行することで、航海で発見した島、生息する動植物、自然の風景などが可視化および情報化されるようになった。

さらには、探検航海の報告書としての「航海記」の出版が慣例化されるにいたる。それゆえ探検航海がなされるたびに、航海者が獲得した情報は蓄積されて、地理学の知識も発展の一途をたどっていくのである。

キャプテン・クックの世界探検航海

ヨークシャーの農民の子として生まれたジェームズ・クックは10代から石炭船船員として働いた。のちに才能を認められて、船長に任じられるようになると、1755年にイギリス海軍に入隊する。1756年にはじまった7年戦争では、カナダでフランス海軍と戦った。

ヨーロッパで天文学が非常に注目されていたこの時期、金星が太陽面を通過するという現象が話題を集めており、イギリスでもこれを観測するために、プロジェクトが企画された。

この現象が発生する日は1769年6月3日と予想されていて、地球上のさまざまな地点から観測すると、太陽から地球までの距離が測定可能であった。その観測地のひとつに南太平洋上のタヒチ島が決定し、観測隊を派遣することになったのだが、海軍から指揮者として推薦されたのが当時40歳のクックである。航海術にくわえて、調査能力、地図作成技術でも高く評価されていた。

かつて自身が乗っていた石炭船を、クックは探検航海の船に選び、「エンデヴァー号」と命名した。堅牢な船体かつ広い船倉が長期の探検航海に適していると判断したからだった。

この船倉に積みこんだ食糧には、壊血病予防に効果があることが実証されたレモン、ザウアークラウト（酢漬けキャベツ）、タマネギ、柑橘系果汁などもふくまれていた。

「エンデヴァー号」の乗組員約100人のなかに、風景画家、動植物専門デッサン画家、天文学者が各1人、博物学者2人（後述するゲオルク・フォルスターがそのひとり）が参加していた。探検航海の成果を記録するためであり、画家たちが動員されたのは、当時はまだ写真撮影技術がなかったからである。

1768年8月下旬に、「エンデヴァー号」はイギリス南西部の港町プリマスを出航した。大西洋南下後に、南アメリカ大陸南端のホーン岬を経由して、南太平洋へと航行し、7ヵ月後の1769年4月中旬に目的地タヒチ島へと到達した。

現代では高級リゾート地となっているタヒチだが、クック到着の2年まえの1767年6月にイギリス海軍のサミュエル・ウォリス（1728-95）が発見したのちに、フランス海軍のブーガンヴィルも数ヵ月遅れで到着していた。

ブーガンヴィルの航海記によって、タヒチは当時のヨーロッパに「楽園」として紹介された。ところが、第3次世界航海でクックが立ち寄ったさいには、タヒチの島民は近隣の島と戦争しており、神の加護を祈るための人身供犠《じんしんくぎ》（人間をいけにえに捧げる儀式）がおこなわれているのを目撃することになる。

1769年10月、クックはオーストラリア大陸の東南に位置するニュージーランドを発見した。それが大陸ではなく、ふたつの島であることも確認したが、それゆえに現在、この2島をへだてる海峡はクック海峡と呼ばれている。

翌年3月には、現在のオーストラリア大陸の東側海岸を回航した。クックが最初に上陸した湾は、動植物が豊富であったために、植物学《ボタニー》の湾と命名された。ここからのちの世界都市シドニーが建設されていく。

ニュージーランドのマオリ族は好戦的で、顔に刺青《いれずみ》をしていたために、のちにヨーロッパを驚かせた。民族舞踊のハカは現在、ニュージーランドのラグビー・ナショナルチームが試合まえに披露するために、よく知られている。

1771年7月中旬に、クックはロンドン東部のウーリッジに帰還した。太平洋の主要部の地理学的発見とポリネシア地域とオーストラリアの民族誌の情報がもたらされた。古代から想像されていた「南方大陸」があるとすれば、それはこれまで想定されていたよりもずっと南方に存在していることが確認された。そして、その位置を特定するために、クックは第2回目の世界航海に旅立つのである。

2回目もやはり石炭輸送船2隻を艤装、イギリス南西の港湾都市プリマスから再度の探検航海に出航したのは1772年7月半ばのことである。今度も博物学者2人、天文学者1人、風景画家1人が同行している。喜望峰までアフリカ大陸を南下したのち、さらに南方の高緯度海域へと進んだ。

1772年12月下旬、クックは南極圏にたどりつく。それから3ヵ月のあいだ、危険な氷海のなかを探索しつづけたのちに太平洋を北上、1773年3月に補給と休養のためにタヒチに再度の上陸をはたす（図3-10）。

その後、さらに南極圏の氷海探査をくりかえし、3度目のタヒチ寄港で補給してからは、南太平洋諸島を探訪した。1774年3月にクックはイースター島に立ち寄って、水を補給している。この島は、

図 3-10　クックの第2次世界航海時のタヒチ、ウィリアム・ホッジス《マタヴァイ湾のレゾリューション号とアドヴェンチャー号》（1776年、ロンドン、国立海洋博物館蔵）

オランダ海軍のヤーコプ・ロッヘフェーン（1659-1729）がクックの航海から約50年まえの復活祭の時期に発見したために、イースター島と名づけられた。巨大な石像群は発見以来の謎だったが、クックは墓標だと考察している。

南アフリカ大陸南端のホーン岬を経由して、1775年7月末にプリマスへ帰還した。古代から考えられていたような巨大な「南方大陸」が存在しないことを、クックは証明した。じっさいには、かれは南極大陸のすぐ近くまで到達していたのだが。

探究心が尽きないクックのつぎなる目標は、残されていた北太平洋である。3度目も石炭輸送船2隻を使用する第3次世界航海は1776年7月中旬に開始された。今回も天文学者1人と画家1人が参加している。

前回とおなじく喜望峰に寄港してから、太平洋を北上し、タスマニア、ニュージーランド、現在のトンガ諸島、タヒチに滞在した。1777年1月、クックは現在のハワイ諸島を発見する。

その後、ベーリング海峡を経由して北上したが、大西洋と太平洋を接続する航路は発見できなかった。ベーリング海峡とは、ロシアの探検家セミョン・デジニョフ（1605ごろ-73年）が1648年に発見し、デンマーク出身のロシア海軍士官ヴィトゥス・ベーリング（16

81-1741）が1728年に通過して確認した海峡のことで、ユーラシア大陸と北アメリカ大陸をへだてる海峡である。

補給のために、1779年2月にハワイ諸島へ再訪したさいに、クックは最期のときをむかえる。住民たちの祭事を理解していなかったために、騒乱が発生した結果、クックと数人が殺害されたのだ。しかも、宗教的な食人の習慣もあったために、クックたちは喰われてしまったのである。

クック亡きあとも、船団はもう1度、北極圏への探索をおこなったのち、1780年10月にイギリスに帰還したのだった。

ジェームズ・クックの3度の探検航海は大きな成果を残した。「南極大陸」とならんで、大西洋と太平洋を結ぶ北西航路が存在しないことを証明した。帆船が侵入できない北極圏と南極圏をのぞく太平洋の精確な地図も作成したのにくわえて、民族誌や動植物に関する博物学のデータも収集し、ヨーロッパに伝えたのである。

ラ・ペルーズの探検航海

イギリスのクックの探検航海に対するかのごとく、フランス政府が企画したのは、ラ・

ペルーズという一族の領地の名で呼ばれるジャン＝フランソワ・ド・ガロー（1741－88）の世界航海である。だが、クックのときとは異なり、ラ・ペルーズの航海には不運がつきまとった。

ルイ16世みずからが起草した指示書によると、アラスカとカムチャツカ沿岸および太平洋の踏査、アメリカと中国との毛皮貿易の可能性の探索を目的としていた。

海軍学校出身にして外交官でもあったラ・ペルーズの探検航海にも、学者たちが同行した。天文学者、数学者、地理学者、植物学者、医師、画家などにくわえて、測量機材担当の技術者も参加していた。

ラ・ペルーズが2隻の船団を率いて、フランス西部の港町ブレストから旅立ったのは1785年8月1日のことである。やはりアフリカ大陸南端のホーン岬を回って、太平洋へ抜けると、アンデス山脈西側沿岸のスペイン領チリ、イースター島、ハワイ諸島を回航したのち、アラスカ沿岸に到達した。現地の先住民と毛皮交易をおこなったものの、友好的な関係は構築できなかった。

ポール・デ・フランセ（フランスの港）と命名した湾での測量では、激しい海流に流された結果、2隻のボートが岩礁で破砕して、21人の命が失われた。

この遭難事故を悼《いた》みながらも、カリフォルニア沿岸を調査してから太平洋を横断、フィリピン諸島のマニラに寄港する。この目的は日本や中国周辺の海の調査だった。

たとえば、ラ・ペルーズは1787年夏に当時の日本の樺太島（ロシアではサハリン島）を測量・観測した。最上徳内が最初に千島を探検した1785年の2年後である。のちの間宮海峡を北上したが、半島だと誤認して、途中でひき返している。北海道最北端の宗谷岬と樺太島をへだてる宗谷海峡もヨーロッパ人初として通過しているが、それゆえ国際的には、宗谷岬はラ・ペルーズ岬と命名されている。

ちなみに、この時期には、交易を求めたロシアが鎖国中の日本に接触してくることが数度あった。江戸時代に荷物を運搬する船は「廻船《かいせん》」と呼ばれていたが、それらの漂流船がロシア領に漂着し、保護されたりしていた。そうした日本人たちは江戸時代の日露交流史に名を残している。

代表的なのは、現在の三重県鈴鹿市にあたる白子《しろこ》港の船頭だった大黒屋光太夫（1751-1828）である。かれは1782年にアリューシャン列島に漂着し、ロシア帝国の当時の帝都サンクト・ペテルブルクでエカチェリーナ2世に謁見した。遣日使節のアダム・ラクスマン（1766-1806?）にともなわれて、漂流から約9年後の1792年に根室港へ上陸した。

のちにスエズ運河を開通させたフェルディナン・ド・レセップス（1805－94）の伯父である航海者ジャン・レセップス（1766－1834）が、この大黒屋光太夫にカムチャツカ半島で出会うという奇縁もあった。

アジアでの測量を終えたラ・ペルーズは、シベリア東岸と樺太島のあいだを結ぶタタール海峡まで北上した。しかし、ラ・ペルーズはまたもや途中でひき返した。この時期、樺太とサハリンはべつの土地だと考えられていて、大陸と陸つづきかどうかも厳密に測量されていなかったからである。

この海峡の別名が間宮海峡だが、1808年から2年をかけて、江戸時代後期の探検家である間宮林蔵（1780－1844）によって樺太は離島であることが確認された事績から名づけられた。

ラ・ペルーズはカムチャツカ半島南東部の港町ペトロパブロフスク（現ペトロパブロフスク・カムチャツキー）にも寄港すると、当地のロシアの植民地総督や住民と友好関係を築いている。

ふたたび太平洋を南下したラ・ペルーズは1787年11月にサモア諸島で水を補給して

いたが、現地民から襲撃されて、13人の船員が落命するという悲劇的事件が発生した。あえて報復を自制したラ・ペルーズはトンガ諸島を経由して、オーストラリアにむかった。かれの航海には不幸な事故がたびたびつきまとったが、最終的には、かれ自身にも海難がふりかかるという結末が待ち受けている。

現在は国立公園となっているボタニー湾だが、その北部の岬部分はラ・ペルーズ半島と呼ばれて、ラ・ペルーズ博物館もあるのは、ここはかれの船団が消息不明になるまえに最後に停泊した場所だからである。現在ではラ・ペルーズ半島はとりわけ、トム・クルーズ主演のスパイ映画『ミッション：インポッシブル2』(2000年)のロケーション地としても知られている。

植民地を建設中のイギリス人と接触したが、紛争にはならずにすんだ。そして、不幸中の幸いというべきか、1788年2月にラ・ペルーズは航海日誌と収集した記録類をこの地のイギリス人に託して、パリへ送っていた。のちの1797年に航海日誌は刊行されたが、それがラ・ペルーズ最後の記録となった。

航海日誌には、かれの今後の航海予定が記されていたが、翌3月のボタニー湾出航後、ラ・ペルーズ率いる2隻の船団は忽然《こつぜん》と消息を絶ってしまったのである。

デュモン・デュルヴィルのラ・ペルーズ捜索の旅

ラ・ペルーズが行方不明となった1788年とは、1789年に発生するフランス革命の1年まえである。革命騒乱の時代が過ぎて、ラ・ペルーズ捜索の探検航海が遂行されたのは1791年9月末、かれの船団が消息不明となって約3年がすでに経過していた。アントワーヌ・ブリュニー・ダントルカストー（1737-93）とジャン＝ミシェル・ユオン・ド・ケルマデック（1748-93）のふたりを船長とする2隻の船団は水路測量技師をふくめた学者たちをひきつれて、南太平洋諸島を回航したが、ラ・ペルーズの消息を知ることはできなかった。

しかも、ケルマデックは航海中に罹患した結核のためにニューカレドニアで1793年5月に、ダントルカストーも壊血病で同年7月に病没してしまう。それでも、船長ふたりを失った探検船団は無事に生還し、膨大な調査結果をヨーロッパにもたらした。

消えたラ・ペルーズ船団の謎を解明したのは、ジュール・デュモン・デュルヴィル（1790-1842）で、その名は美術史にも刻まれている。

というのもギリシア遠征中の1820年、学識高いフランス軍人デュモン・デュルヴィルがフランス大使にトルコ政府と交渉させ、後世に名高いミロのヴィーナスを購入させたからだ。ギリシア人農夫が発見して秘匿していたギリシア彫刻を、オスマン帝国の役人が没収していたものである。修復後のミロのヴィーナスはルイ18世に献上されたのち、ルーヴル美術館へと寄贈されている。

そのデュモン・デュルヴィルが最初の世界航海に旅立ったのは1822年のことである。だが、船長ではなく、自然科学担当の副船長として、ほかの学者数人とともに参加したのだ。

このときすでに、1790年代のダントルカストーとケルマデックの探検航海から20年以上の時間が経過していたのは、フランス革命戦争につづくナポレオン戦争と、ヨーロッパには長い戦乱の時期があったからだ。ようやく小康が保たれた時代となって、ふたたび探検航海に脚光が集まったのだ。

これまでの航海者と同様に、南米大陸南端のホーン岬経由で南太平洋に入ると、ポリネシアをめざし、1823年5月にタヒチへ到着している。さらに南太平洋の島々を周航し、オーストラリア大陸も一周したのちに、アフリカ南端の喜望峰に寄港、1825年5月には多数の動植物コレクションとともに船員ひとりも落命することなく、フランスへ帰港した。

帰国後に船長となったデュモン・デュルヴィルは、今度は探検指導者として1826年4月下旬、フランス南部の港町トゥーロンから再度の世界航海に出発した。オーストラリア北方に位置するニューギニア島や南太平洋メラネシアのソロモン諸島一帯の克明な調査と、ラ・ペルーズの消息を究明することが目的である。医者、博物学者、天文学者、測量技師など学者スタッフが同行した。

喜望峰を回って太平洋へむかい、南太平洋に点在するニューヘブリディーズ諸島、ニューブリテン島、ニューアイルランド島、ニューギニア島北岸、タスマニアなどを綿密に調査している。1829年までつづいた3年間の探検航海で、デュモン・デュルヴィルは4000キロ以上の海岸の形状を特定し、150以上の島の位置を精確に記録したほか、民族学、人類学、動物学、植物学、鉱物学などに貢献する膨大なデータを収集したのだ。

その一方で、タスマニア滞在時に出会ったイギリス人船長ピーター・ディロン(1788-1847)から、ラ・ペルーズの消息に関する重要な情報を入手する。鍔《つば》にラ・ペルーズのイニシャルが彫られた剣を、ディロンはフィジー島の隣島で目にしたというのだ。さらに、そのフランス将校のものらしい剣がソロモン諸島のヴァニコロ島で発見されたことを聴きおよび、現地までおもむき、島民に問いただしたところ、かつて2隻の大きな船がこの島で難破したらしいこと、これに由来するおびただしい量のヨーロッパの文物を島民たちが手にしたということがわかった。

この証言を頼りに、デュモン・デュルヴィルはヴァニコロ島へむかうと、はたして現地の海底から、証言を裏づける錨、大砲、砲弾、銅や鉄の遺物類を発見した。かくして、ラ・ペルーズ船団の海難事故の事実がようやく実証されたのだった。

さらに、1837年から40年までの3度目の世界航海で、デュモン・デュルヴィルは1840年1月元旦に南極大陸の半島を発見した。クックが未達成に終わった南極大陸発見をなしとげたのだが、それはかつて想定されていた伝説のような大きさではなかったのだ。

フランス国王による領有宣言をおこなったのち、かれの妻の名からその土地、海岸、岬をアデリーランド、アデリー海岸、アデリー岬と命名、また、この地に面した海をデュルヴィル海と名づけている。

それから1年後の1841年1月、イギリス海軍のジェームズ・クラーク・ロス（1800-62）は南極大陸沿岸をさらに南進し、その名が冠されることになったロス海、ロス氷壁を同年2月初旬に発見した。おなじくロス海のなかにロス島を発見、そのなかに活火山のエレバス山、死火山のテラー山なども発見および命名した。

ロスが到達したこの南緯78度9分の地点は、これ以降58年間、その先へ南進した者はいなかった。ロスが19世紀中葉に発見したロス島は、船が接舷できる南限の島であったために、のちの時代の南極探検の拠点となる。

さて、デュモン・デュルヴィルに話を戻すと、3度の世界航海から無事に祖国へ帰還できたにもかかわらず、なんと1842年5月のヴェルサイユとパリを結ぶ鉄道の大規模事故にムードンで遭遇、死亡するという衝撃的な最期をとげる。

しかしながら、20年間で3度の世界航海に参加したかれが残した100枚以上の海図は、第2次世界大戦の終戦まで修正されずに使用されつづけた。それほどの精確さを有していたのだ。

クックの探検航海で開始された地球の海圏(海でおおわれた部分)、とりわけ南太平洋をめぐる探検航海時代はデュモン・デュルヴィルの3度の世界航海と成果によって事実上、終焉をむかえる。コロンブスの新大陸発見やマゼランの世界航海から300年以上が経過してようやく、地球の海圏で当時の帆船が到達可能なほとんどは海図で可視化されることになった。

この時代になると、人類に残された未踏の地は北極と南極のみとなり、このふたつの地をめぐる探検の旅はさらに新しい段階へと進むのである。

自然科学者フンボルトの南米探検

18世紀後半の啓蒙主義時代には、さまざまな自然科学が発達し、それがクックの世界探検航海を可能にした。そして、当時最高の自然科学の知識を駆使して、非ヨーロッパ世界の未開の自然を研究しつくそうとしたのが、アレクサンダー・フォン・フンボルト（1769-1859）である。

外交官・言語学者の兄ヴィルヘルム（1767-1835）はベルリン大学の創設者として知られている。

フンボルトは広大な知の領域を縦横無尽に疾駆した、18世紀末から19世紀前半における世界最高の総合的自然科学者であった。フンボルトの名を冠した地名は北米だけでも4つの郡、13の町、山、湾、湖、川にくわえて、植物が300種、動物が100種を超えるという事実が、かれの偉大さを物語っているだろう。

フリードリヒ大王の侍従であった父を10歳のときに失くしたフンボルトは当初、母の意向によって官僚になるべく、フランクフルト、ゲッティンゲン、ハンブルクに遊学した。ゲッティンゲンで知遇を得た博物学者ゲオルク・フォルスター（1754－94）とともに、1790年にライン川を下りながら、マインツ、ケルン、デュッセルドルフ、オランダ、イギリス、パリを旅行した。ジェームズ・クックの第2次世界航海に博物学者として参加したフォルスターは、その旅行記を上梓したことで知られており、フンボルトに大きな影響をあたえた人物とされる。

1791年、プロイセン王国の鉱山局任官が決定し、フライブルク鉱山アカデミーで鉱山学とともに多くの自然科学を学んだ。2年後には上級鉱山監督官にまで出世していたが、フンボルトにとって、人生の一大転機がおとずれる。1796年11月に母が死去、多額の遺産を相続すると、官僚を辞し、学者の人生を選択したのである。

観測器具の使用法習熟に2年半という時間を費やしたフンボルトは当初、西インドへの探検旅行を企図していたが、1796年からはじまった一連のナポレオン戦争によって、出発そのものがかなわなかった。

しかし1799年6月上旬、フランス人医師で植物学者のエメ・ボンプラン（1773－1

858）を同行者にしてスペインの軍艦に乗船、港町ラ・コルーニャから旅立った。大西洋を横断、ベネズエラ北部のカリブ海に面したクマナへと到着したのは、約40日後の7月中旬である。

ここに、フンボルトの1799年7月から1804年までの5年におよぶ中南米探検旅行がはじまった。広大な未開地域であったアメリカ中南部をわずか数人で踏査する旅である。ベネズエラ（1年4ヵ月）、キューバを経由してのコロンビア、エクアドル、ペルー（約2年）、メキシコ、キューバを経由してのフィラデルフィア上陸（1年4ヵ月半）といった旅程であった（図3-11）。

1802年にはアンデス山脈一角の当時最高峰とされた火山のチンボラソ山も、登頂まであとわずか400メートルを残す5881メートルの地点まで登って

図3-11　エードゥアルト・エンダー《オリノコ河畔でのフンボルトとボンプラン》（1870年、ベルリン科学アカデミー蔵）

いる。

中南米の自然に関する多種多様な科学的データを収集し、それらを総合的に分析することによって、有機的な自然全体を把握するのが、この大旅行の目的であった。

クロノメーター、四分儀、六分儀、経緯儀、羅針盤、気圧計、温度計、湿度計、磁気傾斜計といった、イギリス、フランス、スイスで製作された当時最先端のほぼあらゆる計測器具や化学薬品を携行していた。未開の熱帯地域の酷熱と厳寒に耐え忍びながら、いたるところで計測、記録、標本採集、地図作製をおこなった。

たとえば、ベネズエラ内陸部の小都市カラボソでは、近郊の池に生息する600ボルトの高圧電流を発する電気ウナギを捕獲し、4時間も動物電気の危険な実験をくりかえした。このとき、池の底にいる電気ウナギを網でつかまえるために、地元の住民の協力によって30頭の野生馬を池のなかへ駆り立ててもらっている。

地磁気研究では、フンボルトは磁気傾斜計での測量データにもとづいて、赤道から北極・南極に進むにつれて、地磁気は強くなっていくのを証明し、その後長く使用されることになった磁気強度の単位も導入した。

ほかにも経度測定、気象学、地質学、火山研究、植物地理学、動物学、比較解剖学など、フンボルトの自然科学の業績は幾重にも広がっている。

とりわけ、「自然描画」（Naturgemälde）はその自然理解の発想が看取される有名な図版で、1枚の風景画を中心に、計測した種々のデータを各所に記載しつつも、その地域の自然の全体像を図示しようとしたものである（図3-12）。

5年間の中南米旅行からヨーロッパに帰還すると、19世紀最大の学術都市パリで、フンボルトは20年かけて整理し、旅行記をふくめた全34巻におよぶ研究成果を出版した。これだけの巻数の書物をフンボルトはひとりで書き終え、その膨大な出版費用もかれ自身でまかなっている。

そもそも、この大旅行の費用すべてを、同行者ボンプランの旅費までも、フンボルト個人が負担していた。すなわち、いかなる政府の支援や施策とも無縁で、企図か

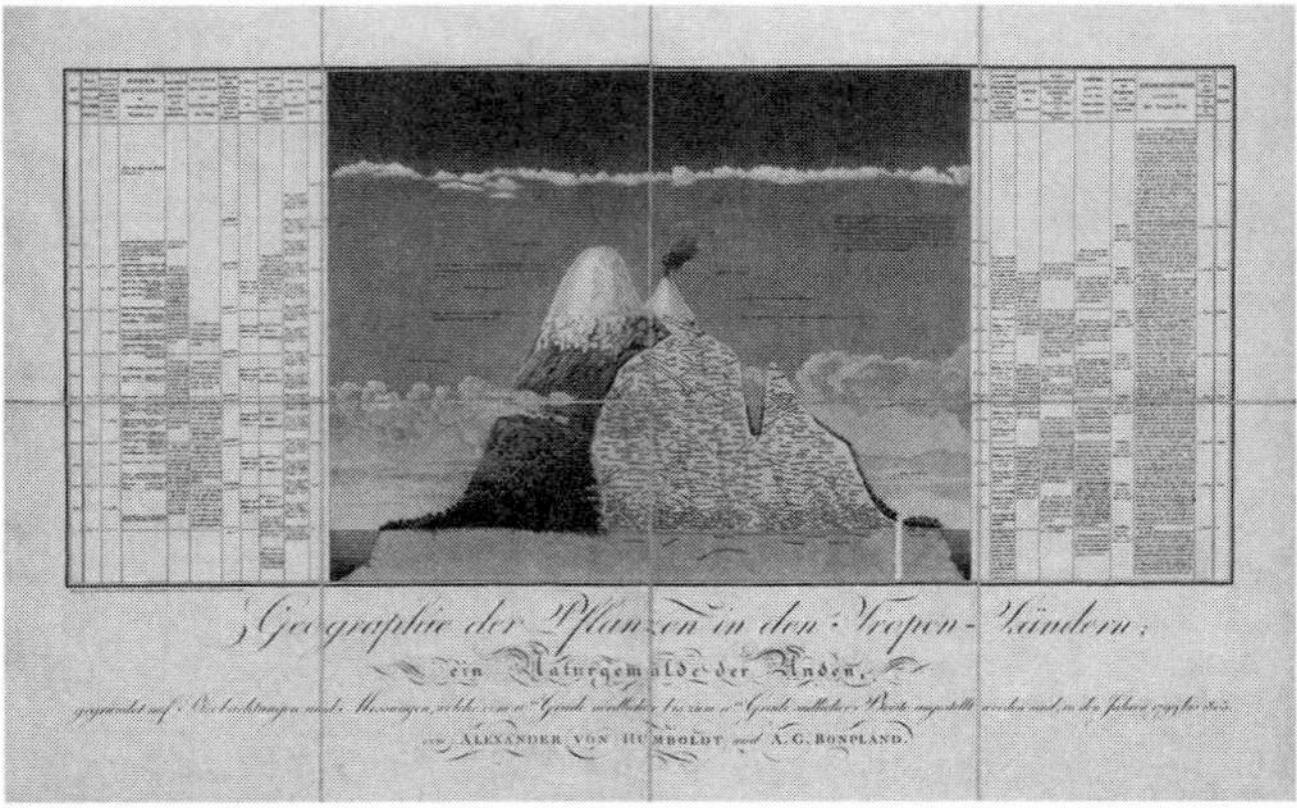

図 3-12　フンボルトによる《アンデスの自然描画》

ら実施、成果公表まで、すべてフンボルト自身の費用負担による大探検旅行であったのだ。

1827年にベルリンに戻ってからは、地磁気研究にふたたび取り組み、国際的な地磁気観測網の整備に献身した。1829年からは9カ月間のロシア旅行をおこない、サンクト・ペテルブルク、モスクワ、シベリアを周遊したが、地磁気研究が目的だった。「自然描画」という地球・自然研究の発想をめぐって、およそ20年近く執筆を継続した晩年の主著『コスモス』全5巻（1845-62）は未完に終わったものの、アレクサンダー・フォン・フンボルトは大科学者かつ大冒険家として90歳の長寿をまっとうした。

生物が環境に適応して変化することで、多様な種が生じるという進化論を提唱した『種の起源』を、地質学者チャールズ・ダーウィン（1809-82）が出版したのは、奇しくもフンボルトが死去した1859年のことであった。

フンボルトの旅行記を読んでいたダーウィンもまた、1831年12月末にイギリス海軍の測量船ビーグル号に乗って、イギリスのプリマス港から旅立った。そして、1835年9月中旬からの南アフリカ大陸の西方約1000キロの赤道直下に位置するガラパゴス諸島滞在で、そこに生息する、現在はダーウィンフィンチ類と呼ばれるフウキンチョウ科の小鳥から、かれは進化論を着想したといわれている。

フンボルトの旅行記に魅了されたダーウィンもまた、フンボルトとおなじく、南アメリカ大陸を旅して、自身の思想を完成させた科学者なのである。

7 アルピニストの誕生

山と学者とアルピニスト

イギリス海軍のキャプテン・クックが未踏の陸地を求めて、地球の海を周航していた18世紀後半、その一方で、ヨーロッパ中南部に1200キロにわたって広がる大山脈アルプスに、自然科学者や登山家が熱い視線を注いでいた。アルプス山脈には、標高4807メートルの最高峰モンブランを筆頭に、マッターホルン、ユングフラウなど4000メートル級の高峰がそびえている。

中世まで、山は恐怖と嫌悪の対象で、悪魔の住処として忌避されてきた。アルプスを越える者はあっても、山そのものは不快をあたえる風景であった。ところが、ルネサンス以降、山は研究の対象、登るべき対象へとかわっていく。時代を経るうちに、未知の自然を究明しようとする人間の知的探求心が山に対する迷信をふり払っていったのだ。

たとえば、退廃的な市民社会を批判した啓蒙思想家ジャン＝ジャック・ルソーによる「自然回帰」、「自然賛美」といった思想が普及していった啓蒙主義の時代に、近代登山の歴史がはじまったのは偶然ではない。ルソー自身もスイスやイタリアを徒歩で旅行したし、その大ベストセラー恋愛小説『新エロイーズ』（1761年）は、スイスのヴォー州のクラランスが舞台だった。

一般に、登山家を意味する「アルピニスト」（alpinist）はもともと「アルプス登山家」のことであり、「アルピニズム」（alpinism）とはスポーツとしての登山をめぐる方法、技術、精神などを総合的に意味する語である。この2語は、アルプスの最高峰モンブラン初登頂という近代登山史の嚆矢に由来するといえよう。

フランス革命勃発3年まえの1786年、モンブラン初登頂達成の契機となったのは、ジュネーブの貴族出身の自然科学者オーラス＝ベネディクト・ド・ソシュール（1740－99、言語学者フェルディナン・ド・ソシュールの曽祖父《そうそふ》）の懸賞金である。

学究のためにみずからも山に登ってきたソシュールだが、1760年にこれまでだれも達成したことがないモンブラン登頂に懸賞金をかけることを、モンブラン山麓の町シャモニーで公示した。

26年後の1786年8月8日、モンブランを征服したのは、サルディニア王国の医師ミシェル＝ガブリエル・パッカール（1757-1827）とガイドのジャック・バルマ（1762-1834）である。ルートや天候を研究したパッカールは前日から2日がかりでモンブラン登頂に成功したのだった。

翌1787年8月には、ソシュール自身もモンブランを征服し、頂上で測量観測をおこなった。以後、かれはほかのアルプス山脈の高所にも登り、アルプスの自然を研究しつづけて、のちに「アルプス登山の父」と呼ばれた。

モンブラン登頂以後、アルプス山脈の登山者が増加して、19世紀になると、ソシュールに倣《なら》うごとく、多くの氷河学者たちがアルプス山脈を登るようになった。1854年までに130もの山々が登頂されている。

アルプス登山の「黄金時代」

アルプス登山史においては、1854年9月のアルフレッド・ウィルズ（1828-1912）によるヴェッターホルン登頂から、1865年7月のエドワード・ウィンパー（1844-1911）によるマッターホルン登頂までが「黄金時代」と呼ばれており、4000メートル級の高山がつぎつぎと登頂されていった11年間のことをいう。この期間に80以上もの初登頂と峠越えが達成された。

ウィルズ以前、登山の目的はたいてい自然研究のためだったが、やがて登山そのものが目的化していった。

この時期に活躍したのはイギリス人登山家で、1857年にはロンドンで英国山岳会（アルパインクラブ）が結成された。この英国山岳会では検討をかさねて、公認のザイルやピッケル（アイスアックス）が制定されている。

ウィンパーが考案したテントはその後約100年間、使用されつづけた。ちなみに、フンボルトが1802年に登ったアンデス山脈のチンボラソ山も、このウィンパーが1880年に登頂している。

かれらのアルプス登山にはガイドが随伴した。モンブラン山麓の村シャモニーのほか、ベルン地方のグリンデルヴァルト、マッターホルン山麓のツェルマットなどの村が基地として繁栄したが、それぞれが有名ガイドをかかえていた。

ガイドは雇い主から登山に関するすべてを一任された。氷雪で凍結している山の斜面に1歩ずつ足場をつくりながら、登山者を先導していくのだ。このさいに役立ったのは、ピッケルという斧《アックス》がついた杖である。斧部分で氷雪を削り、杖部分は歩行の補助の支えとして使用するのである。

「黄金時代」の登山は、自由登攀《とうはん》（フリー・クライミング）が主流で、登山靴、ザイル、ピッケルなどのわずかな登山道具のみで登攀した。

その一方で、足場や手がかりが存在しない氷壁を、登攀道具を使用して登ることを人工登攀（エイド・クライミング）という。この人工登攀がはじまったのが、「黄金時代」につづく「銀の時代」である。

アイゼン（正しくはシュタイクアイゼン）は登山靴にとりつける氷雪登攀用具で、足裏やつま先に爪がついているために、爪を雪壁に突き刺して、登っていく。アイゼンがあれば、氷壁に1歩ずつ足場をつくる必要はなくなる。

ハーケン、カラビナ、ザイルを同時に用いる登攀技術も開発された。岩壁の割れ目《クラック》に打ちこむ鉤《かぎ》がハーケンだが、これを打ちこむと、ハーケンの頭部には輪がついていて、そこにカラビナ（一部が開閉可能な金属製の輪）をひっかける。さらに、そのカラビナに命綱としてのザイルを通すのである。この行程をくりかえして、高く切り立った岩壁や氷壁を登攀していく。

これらの道具や登攀技術によって、不可能と思われた角度でそそり立つ高峰にも挑戦できるようになったのだ。

さらなる困難をめざした「銀の時代」

1865年のウィンパーによるマッターホルン初登頂で終わった「黄金時代」のあと、1882年のウィリアム・ウッドマン・グラハム（1859‐1932?）によるモンブラン山群のひとつエギーユ・デュ・ジュアン（「巨人の牙」の意でダン・デュ・ジュアンとも）初登頂までの17年間が「銀の時代」と呼ばれた。

この時期には、「黄金時代」に開発されたルートではなく、岩場などの困難な新ルート開発による高峰初登頂が志向されるようになる。同時に、登頂された高山周辺の未登の峰や岩山も登山の対象となった。

「銀の時代」を特徴づけるのは、本格的な岩登攀とガイドレス登山である。すなわち、これまで敬遠されてきた岩場を登り、ガイドの随伴なく、修練で獲得した技術で登山にたちむかうのだ。

そうした「銀の時代」の代表的アルピニストは、アルバート・フレデリック・ママリー(1855-95)とされる。かれもまた当初は、優秀なガイドたちとともに、アルプス山脈に連なるいくつかの未登高山の初登頂を達成した。

しかし、1892年以後はガイドレス登山に挑戦し、1893年のダン・デュ・ルカン(ルカン針峰)初登頂、翌94年のガイド不在でのモンブランのブレンバ稜初登頂を達成した。

さらに1895年、ママリーは念願のパンジャブ・ヒマラヤに遠征し、8125メートルのナンガ・パルバット登頂に挑戦したが、8月下旬に行方不明となった。この山の初登頂は、オーストリアの探検家ヘルマン・ブール(1924-57)によって1953年に単独で達成されるが、58年後のことである。

ママリーは登山を純然たるスポーツと考えていて、修得した登山技術を駆使することで困難な山を登攀するという信念があった。それゆえ、かれが提唱した「より高きを、より困難を」という思想は、「ママリズム」と呼ばれた。

「銀の時代」ののち、ドイツやオーストリアの登山家たちが活躍するが、かれらはガイドレス登山の広範な普及と発展に寄与し、岩壁登攀による単独登攀をめざした。

イギリスの登山家たちは富裕階級出身であって、優秀なガイドに依存して登山するのがふつうだった。だが、ドイツとオーストリアでは、登山は大衆的で、中産階級や学生のスポーツであったために、ガイドを雇用するかわりに、ガイドが保有する技術をみずからの努力で習得して、登頂に挑戦した。しかも、単独での登頂というさらなる困難を目標としたのである。すなわち、ママリズムは後世に継承されてきたといえよう。

アジアの最高峰への挑戦

ママリーのように、アルプス山脈で経験を積んだアルピニストたちがむかうのは、ヒマラヤ山脈、カラコルム山脈などのアジアに横たわる最高峰たちだった。ヒマラヤ山脈の最高峰エベレストの標高が確認されたのは1852年だが、登山目的でアルピニストがこうした地域へ足を踏み入れるようになったのは1880年代からのことである。

それ以降、2度の世界大戦の時期をはさんで、エベレスト征服は断続的に挑戦されていた。

たとえば、イギリスのエベレスト遠征隊メンバーのジョージ・マロリー（1886-1924）は1924年の第3回遠征で帰らぬ人となったが、かれのエピソードはよく知られている。2度の遠征後、3度目に挑戦しようとするマロリーは「なぜエベレストに登るのか」と問われた。「それがそこにあるから」（Because it is there.）と回答したという。

第2次世界大戦後に再挑戦が開始されたが、エベレスト初登頂に成功したのは、1953年5月末のイギリス遠征隊に参加していたニュージーランドの探検家エドモンド・ヒラリー（1919-2008）とネパール少数民族出身のテンジン・ノルゲイ（1914-86）である。こうして、イギリス遠征隊による初登頂がなされたのちは、世界各国が威信をかけて、エベレストへ遠征隊を派遣する時代となったのだ。

ロマン主義画家ターナーが描いた近代

イギリスのロマン主義絵画の巨匠ウィリアム・ターナー（1775-1851）は、油彩画300点、水彩画やドローイング3万点を残したが、そのなかには、同時代の旅行をめぐるシンボルを描き残している。

『カルタゴを建設するディド、あるいはカルタゴ帝国の興隆』（1815年、図3-13）ではいわゆる「ピクチャレスク」な景観を、『吹雪　アルプスを越えるハンニバルとその軍隊』（1812年、図3-14）では暴風や雪崩といった大自然の猛威を「崇高」として描いた。

あるいは『雨、蒸気、速度　グレート・ウエスタン鉄道』（1844年、図3-15）では蒸気機関という人為的なエネルギーで疾走する機関車を、『戦艦テレメール号』（1839年、図3-16）では帆船を力強く牽引する黒褐色の蒸気船を絵画の主題としている（蒸気船に関しては次章で詳述）。

すなわち、「ピクチャレスク」に自然の風景をみる視点、「崇高」という自然に対する感情の変化、蒸気機関を搭載した機関車や蒸気船といっ

図 3-13　ターナー《カルタゴを建設するディド、あるいはカルタゴ帝国の興隆》（1815 年、ナショナル・ポートレート・ギャラリー蔵）

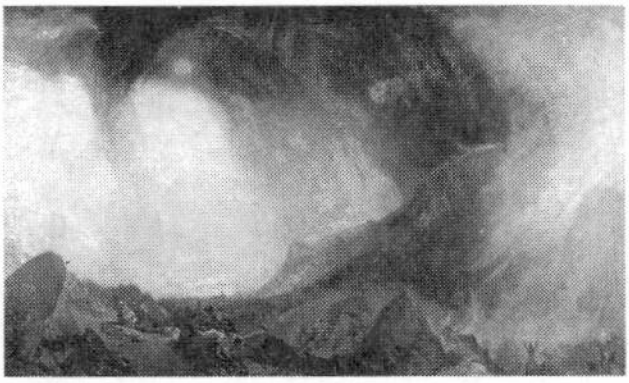
図 3-14　ターナー《吹雪　アルプスを越えるハンニバルとその軍隊》（1812 年、テート・ブリテン蔵）

図 3-15　ターナー《雨、蒸気、速度　グレート・ウエスタン鉄道》（1844 年、ナショナル・ギャラリー蔵）

図 3-16　ターナー《戦艦テレメール号》（1839 年、ナショナル・ギャラリー蔵）

た、近代における旅行の楽しみ、交通手段の変化を、ターナーは敏感に認識していたといえよう。

A GLOBAL
HISTORY OF
TRAVEL

第4章

現代I

20世紀の新しい大衆旅行

長距離鉄道、豪華客船、飛行船

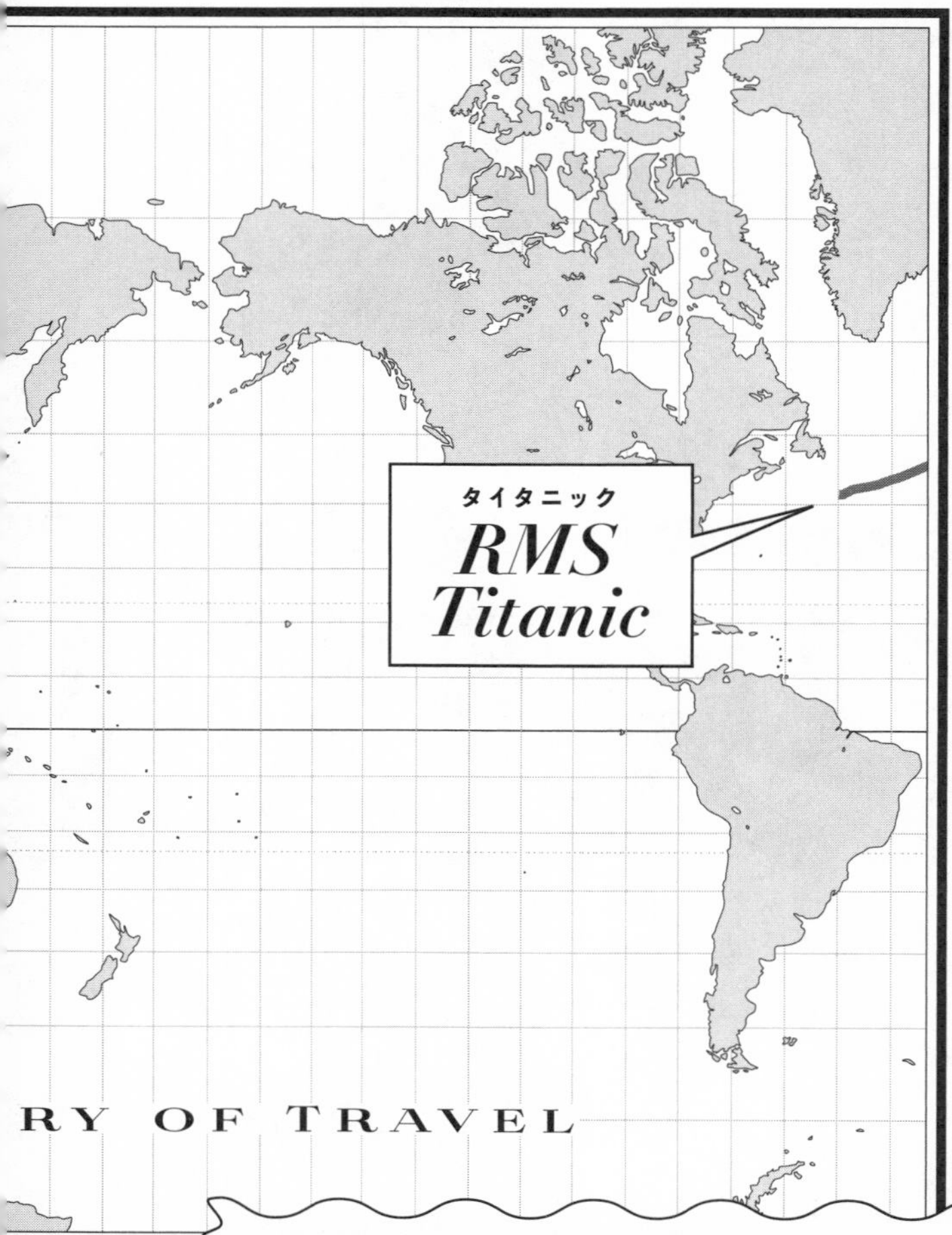

PART 4

CONTEMPORARY I

NEW MASS TRAVEL IN THE 20TH CENTURY

LONG-DISTANCE RAILROADS, LUXURY CRUISE SHIPS, AIRSHIPS

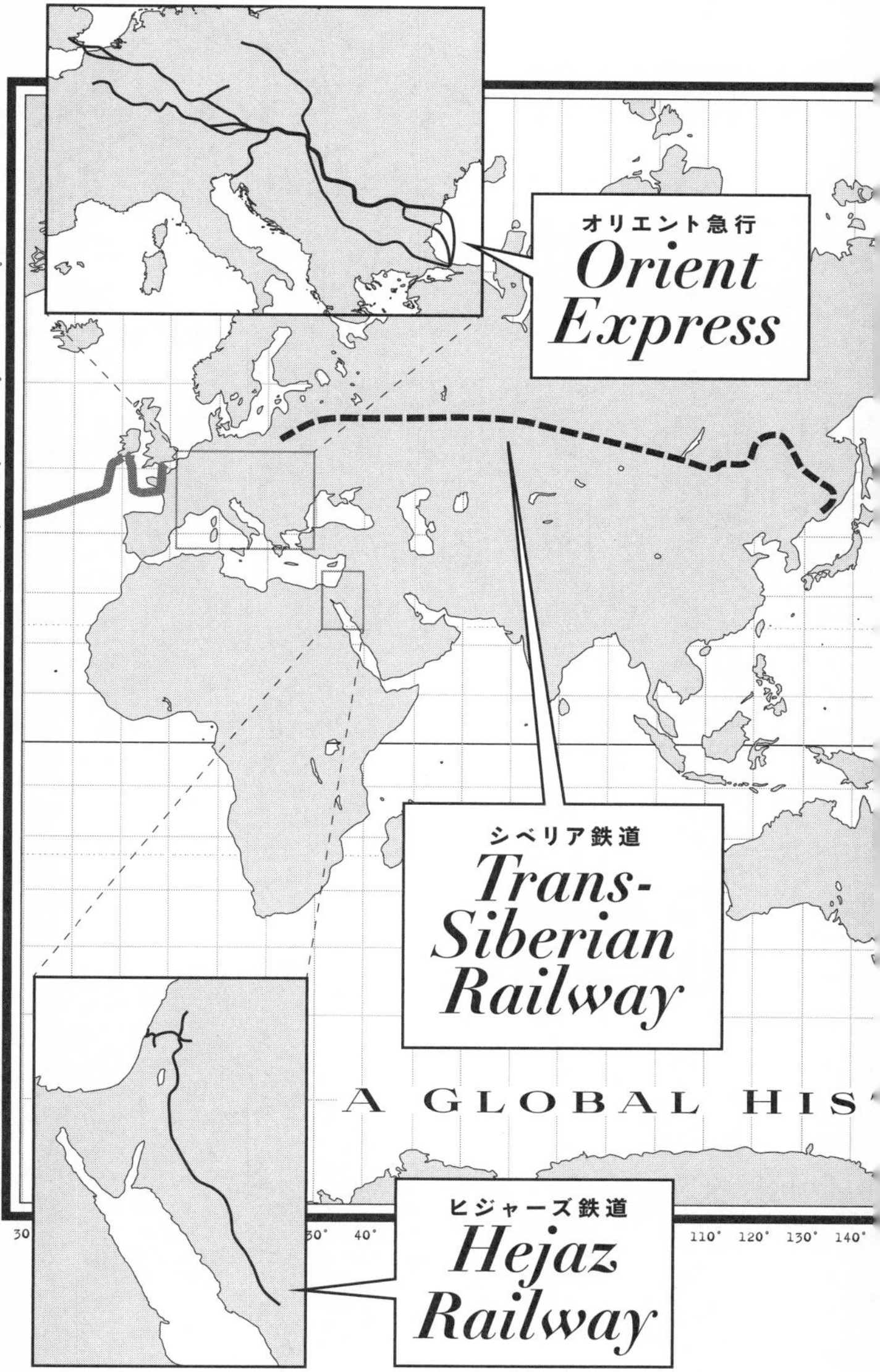

オリエント急行
Orient Express
シベリア鉄道
Trans-Siberian Railway
ヒジャーズ鉄道
Hejaz Railway
A GLOBAL HIS
70°
60°
50°
40°
30°
20°
10°
0°
10°
20°
30°
40°
50°
60°
30
30°
40°
110°
120°
130°
140°

19世紀中葉には、蒸気機関車が走る鉄道や蒸気船の定期運行といった新しい交通網が整備されてくると、イギリスの『マレー』、ドイツの『ベデカー』に代表されるような旅行ガイドシリーズが刊行されるようになった。

それ以前は個人が書き残した旅行記をガイドブックとして利用していたのに対して、観光客の利便性を考慮し、観光すべき名所旧跡の解説を掲載するような旅行案内であって、現代の旅行ガイドブックの原型となった。

さらに19世紀後期には、画期的な駆動装置であるガソリンエンジンが発明される。新しい動力となったこの内燃機関は、そののちに発明される乗りもの、すなわち、四輪自動車、オートバイ、さらには飛行船、航空機のエンジンとなって、人類の行動範囲を拡大し、移動時間を短縮していった。

同時期に世界各地で長距離鉄道の敷設が進行していく過程で、鉄道の旅を快適にすることを目的とした寝台車や客車の開発がおこなわれた。アメリカの実業家ジョージ・プルマンは豪華客車開発・運営のパイオニアであったが、そのプルマン客車を範例にして、ヨーロッパでもっとも有名な豪華鉄道路線となったのがオリエント急行である。

同様の傾向は海運業にもみられた。風がないと航行できない帆船とは異なり、風に左右されずに航行できる蒸気船が定期的に航行する航路が開拓されていくと、客船は大型化と内装の装飾化が進んで、豪華さを競う巨大豪華客船の建造があいついだ。よく知られたタイタニック号の悲劇も、豪華客船の時代に刻まれた悲しい事件といえよう。

現在では、人員輸送手段としての地位を大型旅客機にゆずった客船であるが、海洋エンターテイメントとしてのクルーズを提供している。

つまるところ、新しいテクノロジーの開発は、移動手段の向上・発展に寄与すると同時に、新しい旅行ビジネスを生み出してきたのである。

1 便利な旅行ガイドブックの登場

昔の旅行案内

ここで、著者が所有している古めの旅行ガイド2冊を紹介してみたい。

みずから銅版画を描き、印刷業もいとなんでいたニュルンベルクの書籍行商人クリストフ・リーゲル（1648-1714）の『好奇心の強い旅行者』は、「忠実な旅の道づれ」という副題のある17世紀に出版された旅行ガイドブックである（図4-1）。

「好意ある読者には、この小冊子から正しい有用な教示があたえられる。きわめて有名な町からまったく無名な村までのドイツ全土のほぼあらゆる町村を旅行するさいに、アルファベット順にならんだ町村名をひもとくことで、その町村にまつわる簡潔だが基本的かつ真実の情報を、つまりその地の来歴、受け入れ状態、宿屋、防備、建築物とめずらしいできごとについての情報を、本書から読者は自明にしてよく知っているものとすることが可能である」と、まえがきに記されている。

西ヨーロッパの地図とともに、大都市の情報に関しては、「プロスペクト」と呼ばれる全景図の銅版画が挿入されている。たとえば、ニュルンベルクのばあい、有名な建築物には「1．聖母マリアの塔、2．聖ロレンツ教会、3．ラウファー塔、4．聖ゼバルドゥス教会、5．城塞」

Der Curieuse
PASSAGIER,
welcher
in Compagnie getreuer
Reiß-Gefehrten
gantz Ober-und Nieder-Teutschland
durchreiset/
Und nunmehro denen Reisenden zeiget/alle diejenigen Residenzien/Städte/Schlösser/Vestungen/Städtlein und nahmhaffte Marck-Flecken/welche sowol in Ober-und Nieder-Teutschland einen Reisenden sich hin und wieder vorstellig machen/und zwar solcher Gestalt/daß darinnen derer Ursprung/Aufnahm/Fortification/Raritäten herrliche Gebäude/Glück-und Unglücks-Fälle enthalten/
Samt einen kurzgefaßten Wegweiser/worinnen klärlich zu sehen/wie viel Meilen ein Ort von den andern entlegen/
Alles aus denen bewährtesten Scribenten hervor gesucht/und mit einer accuraten Land-Charten/wie auch auserlesenen Kupffer-Figuren der vornehmsten Städte versehen.
Franckfurt und Leipzig/bey Christoph Riegel. An. 1725.

図 4-1 『好奇心の強い旅行者』表紙

と、ナンバリングつきで紹介されている（図4-2）。

「ニュルンベルクはノルトガウの帝国直属都市で、6つの強大で守りの堅い門とふたつの門があり、これらの門前に位置するふたつの大きな周辺部には耕地、宿屋がある。市内には大小528もの路地があって、たいへん巨大かつ壮麗な建築物が建てられている。［……］。堂々かつ壮大な建築物である市庁舎、充分な備えのある武器庫、闘技場は一見の価値あり。フライシュ橋も同様なのは、この橋は支柱がなく、いくつかの非常に平坦な飛梁《ひりょう》でペグニッツ川に架けられており、全長は97・5シュー［昔のドイツの長さの単位で、1シューは約30センチ］もある。［……］」といったぐあいに説明されている。

もちろん、ほぼ無名の町村に関しては、たった数行のみというばあいもあるが、観光すべき都市に関しては、観光名所およびその観光すべき理由が平易に記されて

図 4-2　ニュルンベルクのプロスペクト

いる。

この『好奇心の強い旅行者』は17世紀ドイツの都市観光ガイドブックであって、18世紀になっても版を重ねていたことから、かなり重宝されていたようだ。

とはいえ、徒歩、馬、馬車で旅する人びとが携行したこのガイドは、ドイツ全土の都市についての百科事典的な性質が濃厚ゆえに、やはり前近代的な旅行案内書だといえよう。

もう1冊の旅行ガイドは1903年に出版されたドイツのライン川下りガイドで、『ライン川を8日間で!』というタイトルだ。表紙には「実用的ガイドブック」、「地図と写真など図版が豊富」とある（図4-3）。

前述の『好奇心の強い旅行者』は本文中で「小冊子」と書かれているが、A5サイズで3センチほどの厚みがあるために、携帯するにはかなりの大きさだ。しかし、『ライン川を8日間で!』はB6版の文庫サイズで、厚さ6ミリであるために、まさしくポケットサイズで便利である。本のサイズともち運びの合理性に200年の進歩

図 4-3 『ライン川を 8 日間で！』表紙

がみられるだろうか。

このライン川下りガイドがおもしろいのは、限定された時間でいかにライン川観光を楽しむかという点に主眼が置かれていることである。200年のあいだには、交通手段の大きな変革として、蒸気機関車と蒸気船の普及があり、旅の移動時間が短縮されて、移動距離が拡大した。いわば「時短」で「最大限」に観光を楽しむという発想の登場に拍車をかけたのである。

『ライン川を8日間で！』では、8日間、2週間、3週間という3パターンの旅程配分が提案されている。

8日間パターン

1. マインンツ　**2.** ヴィースバーデン　**3.** リューデスハイムからアスマンスハウゼン　**4.** コブレンツ　**5.** ジーベンゲビルゲ　**6.** ボン　**7.** ケルン　**8.** デュッセルドルフ

2週間パターン

1.マインツ　2.ヴィースバーデン　3.リューデスハイムからアスマンスハウゼン　4.ビンゲンとナーエタール　5.ボッパルト　6.コブレンツ　7.モーゼルタール（エルツ城観光の許可申請のため）　8.エムス　9.アンダーナッハ（ラーハー湖）　10.レーマーゲン　11.ジーベンゲビルゲ　12.ボン　13.ケルン　14.デュッセルドルフ

3週間パターンの内容は省略するが、基本的には8日間パターンのなかに、増えた日数分に相当するほかの滞在地候補を挿入していくという方式である。まえがきにはやはり、この小冊子の特徴が明言されている。

これまでのガイドブックに新しいなにかをつけ足すことが、お手もちの小冊子の目的ではありません。これはむしろ、比較的短時間でライン川の主要観光名所を楽しみたい、くわえて実用的な案内書とちょっとした読みものをいっしょにしたような小冊子を探していたお客さまのご提案で生まれたものなのです。したがって、内容の取捨選択はしっかりとなされているので、ライン下りで眼にする観光名所に関する最低限の概要説明は大きさのちがう文字を使用して、歴史や経済に関するようなほかに知っているべきことがらとは明白に区分して記しています。本質的な案内部分よりも重視して書かれた情報としては、ライン川一般、ワイン、船舶について掲載しています。

すなわち、『ライン川を8日間で!』は、必要最低限の時間でライン川の名所を無駄なく観光するために、観光名所についての必要最低限の知識を提供しつつも、その一方で詳細な情報も文字サイズをかえた文章で補完するというぜいたくな内容となっている。

ライン川観光ガイドブックが当時すでに飽和状態にあるなかで、この旅行ガイドは、観光旅行の多様性と実利性に着眼して編纂されており、いわば観光客のわがままに対応した点で、非常に近代的な性質をもっていよう。

ジョン・マレーの「レッド・ガイド」

近代的な旅行ガイドの起源は、イギリスのジョン・マレー3世(1808-92)が創刊した旅行ガイドブックに求められる。かれの家業は父祖の代からの文芸をメインとする出版社で、社名もまた「ジョン・マレー」である。帝国主義の拡大がイギリスに繁栄をもたらすと、資本家階級《ブルジョワジー》が台頭し、かれらが海外旅行ブームを牽引していく時代に、海外旅行ガイドブックを出版したのだ（図4-4）。

ガイド出版の契機は、そもそもマレー自身の体験に起因する。１８３１年９月の書簡によると、当時の定番とされていたドイツ旅行ガイドに多くの不正確な記述を発見し、マレーはもっと信頼性のあるガイドブックを刊行する必要性を実感したという。しかも、そのガイドブックは、かれの父親が刊行していた書物だったのだ。

１８３６年、マレーみずからが執筆した最初の『マレー・ガイドブック』が刊行された。オランダ、ベルギー、ドイツのライン地方の旅行案内で、それぞれの観光名所を紹介し、観光ルートを提示してくれるという内容だった。しかも、観ておくべき名所にはアステリスク（＊）をつけるという方法は、マレーが発案している。

じっさいに、１８５２年刊の『ベルギー・ライン地方マレーハンドブック』のライン地方の部分をひもとくと、冒頭にはパスポート、税関、通貨、旅程、郵便、速達便、ホテル

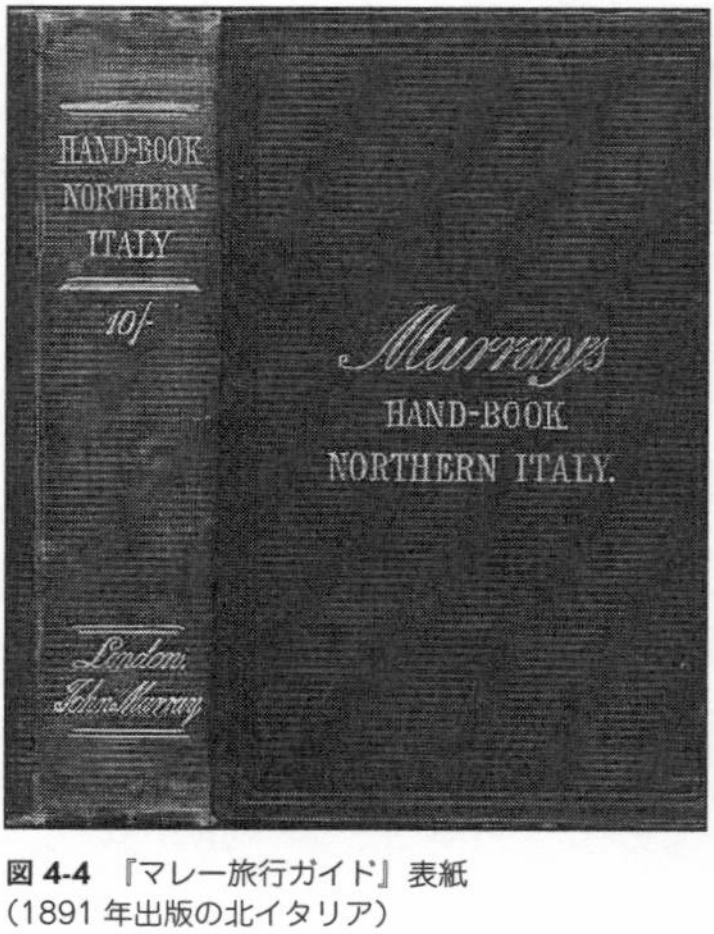

図 4-4 『マレー旅行ガイド』表紙
（1891 年出版の北イタリア）

についての情報が記載されている。本文中には、ライン地方の旅行ルートが13種も提案されている。

ライン地方のルートを読みすすめると、「ケルン」、「エメリヒ」、「リューデスハイム」、「ボッパルト」といったライン河畔のいくつかの町に「＊」がひとつずつ付与されているが、1852年に刊行されたこのマレーのガイドでは、脚注記号としても使用されているようだ。さらに「ケルンより下流に関する総合情報については、ルート11、80－85ページ参照」という記載に「＊」が3つついている。

1837年には南ドイツ、その翌年にスイス、1843年にはフランスの旅行ガイドがマレー社から出版された。

とりわけ、スイスの旅行ガイドはロングセラーになった。1838年の初版刊行以来、改訂しながら、1904年には19版を数えて、総発行部数は約5万部に達している。

一方で、マレーはイギリス国内の旅行ガイドも出版した。1851年にイギリス南西部のデヴォン地方とコーンウォール地方の旅行案内が上梓されたのが最初である。最終巻は中部のウォリックシャー地方の旅行案内で1899年に刊行された。イギリス国内版の旅行案内は通巻60巻を越えたといわれている。

ちなみに、イギリス国内で、マレーの海外旅行案内はガイドブックの代名詞として使用されたほか、赤い表紙の装丁であったために、「レッド・ガイド」(Red Guide) という愛称でも呼ばれていた。

『ジーニアス英和辞典』の「handbook」の項には、「入門書、ハンド［ガイド］ブック、便覧」のほかに、「旅行［観光］案内」という意味が記載されているが、マレーの旅行ガイドが『Murray's Handbook for Travellers in ……』という書名で刊行されていたことに由来するものである。

ドイツの「ベデカー」旅行ガイド

イギリスでマレーの旅行ガイドが出版される少しまえの時期に、ドイツでも近代的な旅行ガイドを出版した出版業者がいた。古くから印刷業をいとなむ家に生まれたカール・ベデカー(1801-59)は、書店や出版社で修業したのちに、1827年にみずからの名を冠した出版社をコブレンツで創業する。

その翌年、ベデカー最初の旅行ガイド『マインツからケルンまでのライン旅行　先を急ぐ旅人のための旅行ガイド』を出版した(図4-5)。さらに1835年に改訂増補した第2

版、1839年には第3版を刊行している。

ベデカー旅行ガイドの特徴は、旅行先に関する簡明的確かつ詳細で事実に即した情報を記載していたことだ。それゆえ、どの旅行ガイドも高い頻度で改訂されている。のちには「マレー」を圧倒していくベデカー旅行ガイドだが、ドイツ語のほか、英語、フランス語でもシリーズ展開していたのも強みだった。

19世紀に出版されたベデカー旅行ガイドの各国版のエッセンスを21世紀に編集した『時間のない旅行者のための旅行ガイド』(2020年)によると、「ベデカー」の内容は大別して、蒸気船の時刻表やパスポート制度の詳細などの実用的な部分、歴史・地理・芸術などの一般的な情報部分、観光・見物すべき事物に関する描写部分という3つの部分で成立しているという。

そして、3つ目の観光すべきものに関しての描写を収録したことこそ、カール・ベデカーによる近代的旅行ガイドの発明であり、それが現代の旅行ガイドすべての基本となったと記されている。

第1次世界大戦まえの時点で、「ベデカー」のドイ

図 4-5 『ベデカー旅行ガイド』表紙
(1858 年出版のベルギー第 5 版)

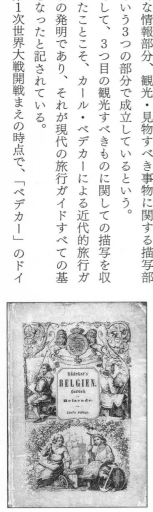

ツ語版は28種、英語版は26種が刊行されていた。ライン案内は17版、スイス案内は25版を重ねて、「マレー」の重版回数にまさっていた。

太平洋戦争以前の日本でも、海外旅行する知識人たちが携行しているほど、ベデカーは有名であった。ちなみに、日本で最初の海外旅行ガイドブックを書いたとされるのは福沢諭吉で、1867年執筆の『西洋旅案内（上・下）』である。世界各国の港町やアメリカへの航海の詳細、船中での過ごしかたやマナー、外国為替の換金や生命保険、火災保険などの制度などが説明されている。

「マレー」と同様に、「ベデカー」も旅行案内書の代名詞となった。ベデカーの旅行ガイドも、「マレー」同様に、観光名所にアステリスクをつけた（しかも、「ベデカー」は途中から「マレー」の装丁までも模倣して、赤い装丁にしている）。

1856年刊行のスイスのガイドブックから、ホテルやレストランに格づけをおこない、一見の価値ありと判定した名所旧跡も、アステリスクをつけて評価したのである。「たいへんあわただしく旅行せざるをえない方のために、＊をひとつつけることで、とりわけ観光する価値のあるものをお教えしています」。

出版社としてのベデカーは1978年に保険会社アリアンツに経営統合されてしまった

が、現在も旅行案内として「ベデカー」は刊行されつづけて、書店にならんでいる。

ところで第2次世界大戦後に、旅行ガイドをドライブマップ、名所案内、ホテル・レストラン案内という3種に分冊して出版し、とりわけ星の数で格づけする3番目のガイドで大成功した出版社をご存じだろうか。

すなわち、いまやグルメの権威として日本でも有名なミシュラン社のことだ。『ミシュランガイド』は現在、日本中の飲食店を格づけしており、地方ごとのガイドを出版するほどの勢いであるが、その一方で、緑色の装丁で「グリーン・ガイド」という旅行案内書のシリーズも出版しつづけている。ミシュランも、当初は旅行案内書から出発したからである。

最後に、現代ヨーロッパの一風かわった旅行ガイドを紹介しておこう。『裸体文化ガイド　ヨーロッパ』(FKK Reiseführer Europa) である(**図4-6**)。なんとヨーロッパで裸体文化の実践が法律的に許可されている浜辺やキャンプ場など約500ヵ所の情報を掲載した旅行ガイドで、毎年改版されている。裸体文化が根づいたヨーロッパな

図 4-6　『裸体文化ガイド　ヨーロッパ 2022 年』表紙

らではの旅行案内書なのである。

2 ガソリンエンジンと自転車旅行の時代

「安定の世紀」

ウィーン出身のユダヤ系ドイツ人作家シュテファン・ツヴァイク（1881-1942）は、19世紀末から第1次世界大戦勃発までの時期におけるヨーロッパの社会状況を、「進歩」を信じる「安定の世界」と評した。

「聖書よりも進歩がとにかく信じられており、その福音は科学と技術の日々更新される奇跡によって証明された」と記すように、産業革命以後約1世紀が経過しようとしていたヨーロッパ諸国では、科学技術の発展にもとづく多くの発明のおかげで、電灯や電話が普及するなど一般的な生活水準が向上し、一般市民が自動車や航空機の恩恵にあずかるようになっていたことを、ツヴァイクは伝えている。

移動手段のより一層の進歩と、旅行のさらなる大衆化が進行したのが20世紀であり、くわえて、これらの新しい発明を駆使して、快適な旅行のありかたを考案したパイオニアたちがつぎつぎと登場した世紀でもあった。

1769年のジェームズ・ワットによる蒸気機関の改良と実用化、その5年後の1774年の汎用的な動力機関としての普及が、イギリスの産業革命を大きく推進させることになった。その結果、蒸気機関車、蒸気船の発明と普及をもたらして、人びとの移動距離を伸長させ、移動時間をいちじるしく短縮させたのである。

だが、19世紀後半には、さらに大いなる発明がなされる。ガソリンエンジンの発明とともに生まれた四輪自動車は、21世紀にまでいたる一般的な移動手段として定着していく（現代では、CO_2や排気ガスの排出量を抑制するために、ガソリンエンジンと電気モーターを併用するハイブリッド車が主流となりつつある）。

発明されたガソリンエンジンは改良が進んで、自動車だけではなく、船舶、さらには飛行船、航空機の動力となっていく。

本節では、新しい動力機関とこれにともなう新しい移動手段の発明史を確認してから、そうした発明が登場して以降の旅行の高速化および大衆化の過程をたどるものとしたい。

ガソリン自動車の登場

ヨーロッパでは、19世紀中期から鉄道網の整備が進み、蒸気機関車による鉄道旅行の全盛時代をむかえていた。しかし、その一方では同時に、外燃機関である蒸気機関にとってかわる動力の開発がおこなわれていた。すなわち、石炭のかわりにガソリンを使用し、閉鎖されたシリンダー（気筒）内で燃焼させたガスを圧力として動力となす内燃機関である。

現在までの主流となる4サイクルガソリンエンジンを1876年に開発し、世界初で実用化したのは、ドイツの商人だったニコラス・オットー（1832－91）だった。工場などでの動力源に使用されるべく普及させるために、エンジン製造会社を設立している。

そこに登場したのは、カールスルーエ出身の技術者ゴットリープ・ダイムラー（1834－1900）である。

かれはオットーの会社の重役だったが、オットーと対立して退社する。ダイムラーはおなじく技術者のヴィルヘルム・マイバッハ（1846－1929）とともに、コンパクトなガソリンエンジンの開発に成功、これを馬車のシート下に搭載して、ガソリンエンジン自動車を完成させたのは、1886年のことである（1909年、マイバッハは息子カールとともにエンジン製造会社マイバッハを設立する）。

じつは、この同時期の1885年8月下旬にダイムラーが特許を取得したのは、最初の自動二輪車、現在のオートバイである。試作品が完成、運転に初成功したのは翌1886年のこととされている。つまりゴットリープ・ダイムラーによって、四輪自動車とオートバイの歴史ははじまったのだ。

くわえて、1894年に世界で最初に量産されたオートバイは「ヒルデブラント・ウント・ヴォルフミュラー」であって、製造メーカー名で呼ばれている。この会社を設立したドイツ人技師ハインリヒ・ヒルデブラント（1855-1928）が1894年に特許を取得、このときはじめてオートバイを意味するドイツ語「モートラート」（Motorrad）が登録された。

ところでガソリン自動車に話題を戻すと、ダイムラーとマイバッハとはまったく関連をもたずに、ガソリンエンジンを搭載する自動車を同時期に完成させていたのが、マンハイム出身のカール・ベンツ（1844-1929）であった。

そして、時代は万国博覧会の時代、ダイムラーとベンツはそれぞれの工夫をこらした自動車を、1889年のパリ万国博に出展した。さらにこの翌1890年のフランスで、プジョーとパナールという自動車メーカーが2社誕生している。

しかしながら、19世紀はいまだ馬車の時代でもあったために、自動車の普及にはなお時間を必要とした。20世紀初頭には、蒸気自動車、電気自動車、ガソリンエンジン自動車といった異なる動力を用いた自動車が併存していたが、ガソリン自動車は技術が進歩すると、しだいに優位を確立していった。

19世紀末には、ベンツ社はドイツ最大の自動車メーカーとなった。他方、ダイムラー社は1901年に「メルセデス」という名の新型自動車を開発した。これによって、現在に継承される自動車の基本構造が完成したといえよう。この新型はダイムラー社が自社乗用車の名を「メルセデス」に統一したほどのインパクトをもっていた。後述するツェッペリン飛行船はダイムラー社のエンジンを使用していた。

アメリカでも、1890年代後半に自動車が製造、販売されるようになり、1903年にフォード自動車が、1908年にはゼネラルモーターズが設立された。とりわけフォードは1914年以降、大量生産、大量販売をおこなって、アメリカでの自動車の普及を先導していくのである。

こうして、20世紀にはガソリン自動車が普及していくが、この乗りものは個人の旅行スタイルを変化させた。公共機関である鉄道に乗車せずとも、あるいは宿駅ごとに馬をとりかえなくても、しかも線路のない場所へも高速で移動できるようになったのである。

自転車のツーリング旅行

また、個人での移動という点では、自転車の普及についても触れておこう。

自転車の起源については諸説あるが、近代的な意味での自転車を1813年に発明したのは、ドイツの発明家カール・フォン・ドライス男爵（1785‐1851）だとされている。発明者の名前から「ドライジーネ」と呼ばれたこの二輪車は、地面を自分で蹴って自走するタイプで、時速15キロで37キロの距離を走破したという記録が残っている。

画期的だったのは、1839年にイギリスの鍛冶屋カークパトリック・マクミラン（1812‐78）がペダルによる後輪駆動装置を発明したことだ。この発明によって、ついに足が地面を離れて、自走する自転車が生まれたのである。

1868年5月下旬にパリ近郊のサン＝クルー公園で最初の自転車レースが、さらに翌

1869年にはパリからルーアンまでの135キロを走るという史上初の長距離ロードレースが開催されている。後者には、女性5人をふくめた200人が参加している。同年にパリに自転車クラブが結成されて、近郊のベスイネには自転車レース用トラックが建設されている。この時期、自転車の生産や改良がもっともおこなわれていたのが、パリを中心とするフランスだった。

現在までつづく長距離自転車レース「ツール・ド・フランス」が最初にフランスで開催されたのは、1903年のことである。のちにはフランスだけでなく、周辺国もルートにくわえられた。2度の世界大戦での中断をはさんで、いまなお継続している長距離自転車競技である。

ちなみに現在、みずからの力で自走、運転できる自転車は、そのメリットがますます着目されている。温室効果ガスを排出せず、自転車での走行はよい運動にもなるからである。たとえば、ドイツでは完全な自転車専用道路が数多く設置されているほか、西部ライン地方のミュンスター市にはドイツ最大の駐輪場が建設されており、市内交通に自転車を奨励していて、2000年には交通建築賞を受賞している。

自転車ツーリングでのヨーロッパ周遊旅行はごく一般的なものになっており、そのための旅行ガイドも多数出版されているほか（図4-7）、たとえば藤田直也『ヨーロッパ体当たり自転車旅行　ドイツからフランスへ』（筑波書林、2016年）といった日本人による体験記もある。

　自転車旅行といっても、すべての旅程を自転車で走破しなければならないわけではない。日本とはちがって、ドイツやフランスといったヨーロッパ諸国の鉄道は、自転車ごと乗車できる車両が用意されているからである（図4-8）。ツーリングしたい場所まで鉄道で乗り継いで、景色のよさを味わいながら、自転車でつぎの目的地をめざせばいいのだ。

図 4-8　折りたたみ式のシートのある車両に、大量の自転車が積載されている

図 4-7　『ヨーロッパ自転車旅行ガイド』表紙

3 長距離鉄道と豪華列車の時代

ジョージ・プルマンの寝台車革命

20世紀は豪華な客船や列車で優雅に旅する時代となった。とりわけ、19世紀後半から豪華列車が陸続と誕生するが、もっとも著名なのはオリエント急行である。まずは、豪華列車として名高いプルマン寝台車について紹介していこう。

19世紀中葉からヨーロッパの鉄道網は整備されてきたが、アメリカでも1828年のボルティモア・アンド・オハイオ鉄道起工に端を発して、鉄道がつぎつぎと敷設されるようになった。

ヨーロッパとは異なり、アメリカの鉄道は、勾配のきつさや急カーブゆえにスピードも遅く、走行時間も長かった。また、夜間は運行せず、乗客は下車して宿を取らなければならなかった。

それゆえ、最初の寝台車が発明されたのはアメリカである。1838年、ペンシルベニア州のカンバーランド・バレー鉄道で寝台車がはじめて導入された。とはいえ、3段ベッドが4組あったものの、堅い板でしかなく、夜間以外は折りたたまれていた。1850年代には鉄道会社数社がより改善された寝台車を採用するようになったが、快適とはいいがたいものだった。

そこに登場したのが、曳家《ひきや》（建築物を解体せずにそのまま移動させる工法）の技術者ジョージ・プルマン（1831－97）である。列車でよく旅をしていたかれもまた、寝台車に不満を感じていた。

1858年から寝台車の試作を開始し、ついに1863年に最高水準の寝台車「パイオニア号」を完成させる。2万ドルの製作費は、当時の車両の4倍以上に相当したといわれる。内装はクルミ材が用いられ、シャンデリア、ビロード張りの椅子、高級カーペットがしつらえられていた（図4－9）。ベッドには洗い立てのシーツが敷かれており、大理石の洗面台がついた化粧室も設置されていた。

運営方法は、プルマンの寝台車を従業員つきで各鉄道

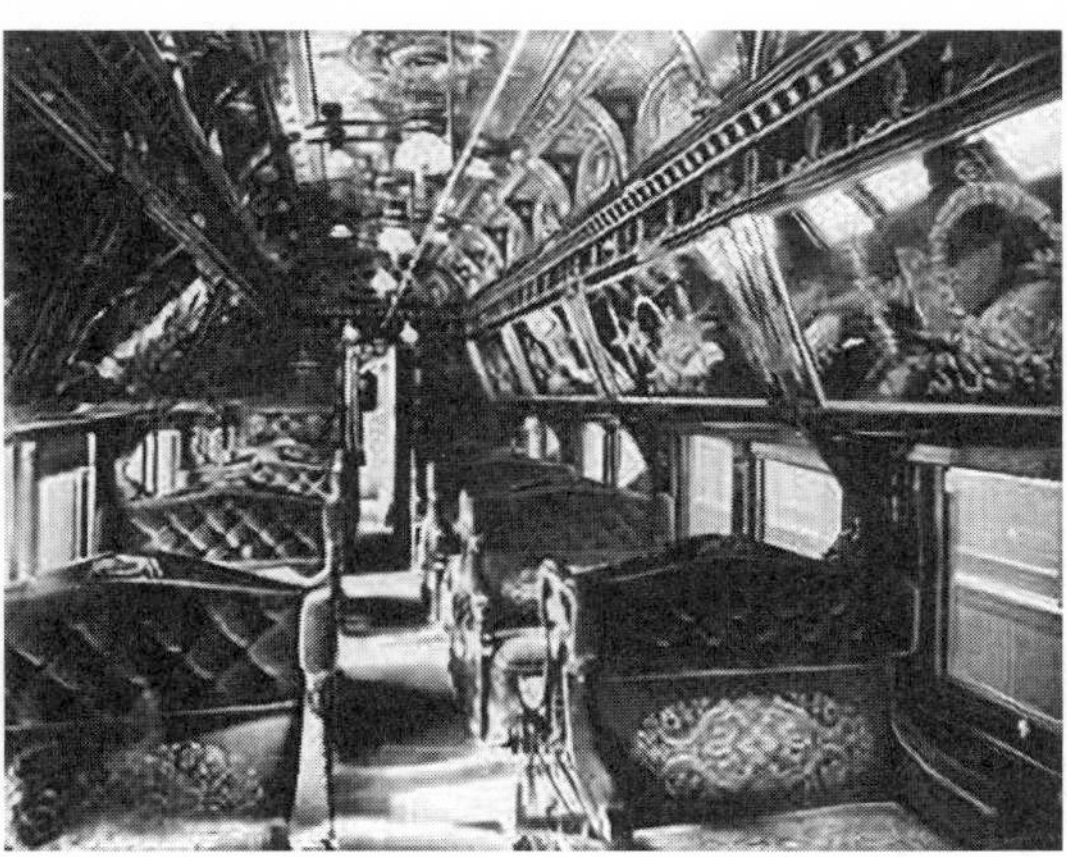

図 4-9　プルマン客車の内装

会社の幹線列車に連結させて、営業も一手に引き受けるというものであって、これもプルマンの独創的な発想だった。

この「パイオニア号」に感銘を受けた著名人として、当時の大統領夫人《ファーストレディ》メアリー・トッド・リンカーン（1818-82）が知られている。1865年初頭に、彼女はこのパイオニア号を利用したが、数ヵ月後に夫のエイブラハム・リンカーンが暗殺されると、このパイオニア号を霊柩列車として手配、ワシントンD.C.から夫が長く暮らしたイリノイ州スプリングフィールド市まで遺体を輸送した。

多くの鉄道会社から寝台車製作を依頼されるようになったプルマンの寝台車事業は成功し、1867年にはプルマン・パレス・カー社が誕生した。「パレス・カー」はプルマンの寝台車の異称で、「宮殿のような列車」という意味である。

そして同年、プルマンはさらなる新車両を考案した。その名も「ホテル・カー」、名称どおりに高級ホテルのサービスを提供するという、寝台車と食堂車を合体させた車両である。

この車両内部には、石炭のコンロがついた厨房、食料の貯蔵庫、冷蔵庫がわりの氷が入ったクーラーボックス、ワイン収蔵庫が設置されており、スタッフとして料理人1人、ポーター兼ウェイター1人が同乗した。

ひきつづき翌1868年には、プルマンはさらに食堂車「デルモニコ号」を開発した。車名はニューヨーク市の有名レストランの経営者にあやかった。イリノイ州シカゴとスプリングフィールド間を運行するシカゴ・オールトン鉄道で試用された。

厨房は「ホテル・カー」よりも飛躍的に大きくなり、化粧室と洗面所のほか、給水タンク、シンク、コンロ、調理台、食品貯蔵棚、大きなクーラーボックス、食糧庫があった。厨房には直接、車外に出入りできるドアがあるので、食材補充のさいに車両内を移動せずにすんだ。

客席は48席で、4人がけテーブル6つが前方・後方で区分けされていた。スタッフは料理人2人、ウェイター4人で1日250食提供が標準だったが、高級ホテルやレストランに匹敵する品質のメニューを取りそろえていた。たとえばディナーのばあい、カキ、ジビエ、新鮮な魚、ロースト、豊富な野菜類など80種にいたることもあり、デザートはシャーベット、ケーキ、フルーツ類、飲みものはシェリー、フランス産ワイン、マデイラ、シャンパン、ミネラルウォーターなどが用意されていた。

プルマンが考案した車両は、ヨーロッパやアジアでも導入が進み、寝台車「パイオニア号」、食堂車「デルモニコ号」は人気を博した。プルマンの客車を走らせるのが鉄道会社の誇りとなり、プルマンの客車に乗るのが乗客の自慢となった。現在でも、たとえば『ジーニアス英和辞典』をひもとくと、「Pullman」という単語の意味は「プルマン列車」として掲載されているほどに定着している。

豪華で快適な鉄道の旅という発想が普及し、次世紀にも影響をあたえた結果、世界各地で豪華列車が誕生する。

1982年に運行が開始されたインド最初の豪華観光列車パレス・オン・ホイールズは比較的最近のものだが、1923年から南アフリカで運行されている豪華寝台列車ブルートレインや、さらには著名なオリエント急行もおなじく、ジョージ・プルマンの発想の影響による所産だといえよう。

オリエント急行で殺人事件はおこらない

ベルギーの実業家や資産家の家系に生まれたジョルジュ・ナゲルマケールス（1845－1905）がアメリカ合衆国を旅したさいに、プルマン社の客車に乗車したのは1867年のことである。

この時期、ヨーロッパにこれほど豪華な内装、快適な寝台、食事サービスをそなえた客車はまだ存在しなかった。帰国後、かれはヨーロッパで同様の豪華な客車による快適な鉄道をつくろうと決心する。ナゲルマケールスが構想したこの鉄道は、のちに「オリエント急行」と呼ばれた。

1869年春に帰国してから、プルマンの列車事業をもとに、ナゲルマケールスは寝台車事業を構想し、鉄道会社との交渉など試行錯誤していたが、ようやく1872年10月に鉄道会社を創立する。

社名は「コンパニ・アンテルナシオナル・デ・ヴァゴン（ワゴン）・リ」、すなわち国際寝台車会社である。「オリエント急行」が正式な社名になるのは1911年で、異なるルートや列車にも広範に使用されて、ヨーロッパの豪華鉄道旅行の代名詞にもなった。

ナゲルマケールスは、プルマンを参考にしたが、寝台車急行をヨーロッパで実現するための工夫をこらした。ヨーロッパではプライバシーが望まれるゆえに、プルマンのオープンプラン式客車をコンパートメント式の個室に変更した。くわえて、使用人にはべつの個室を用意する必要があったし、食事もロンドンやパリで好まれたような上品な料理が要求された。

普仏戦争をはじめとする種々の問題が経過したのち、食堂車つき急行列車の試運転を1

882年10月におこなった。パリからウィーンまでの約1350キロを28時間で走破した。食堂車がやはりセンセーショナルで、当時の高級レストランやホテルで提供されるものと同様の高品質のディナーコースが走行中の車内で調理されたのである。

試運転から1年後の1883年10月4日夜、パリとコンスタンティノープルを接続するオリエント急行がパリ東駅を出発する。6ヵ国を経由して東西を結ぶ全長2989キロの旅である。

機関車、郵便車、寝台車3台、食堂車、荷物車という車両編成で、荷物車には、乗客の荷物のほか、調理用食材を積載し、クーラーボックスには食品やアルコールなどが冷蔵された。

寝台車には喫煙室、婦人用客室、図書室があるのにくわえて、客室にはトルコ製カーペットなど豪華な家具類、折りたたみ式布張りベッドがそなわっていた。

後方の特別車両にはシャワールームがあり、お湯も水も使えた。床がモザイクで飾られた化粧室は各車両後尾に設置されていた。ドアの外には常時、清掃係がいて、使用後には毎回掃除するのである。

ルイ14世の召使いのような制服を着用した従業員の業務態度は洗練されており、英語、ドイツ語、フランス語のほか、数ヵ国語を話した。

しかしながら、この鉄道旅行は当初からすべてが列車でというわけにはいかなかった。当時はまだドナウ川に橋が架かっていなかったために、ルーマニアからブルガリアへの入国はフェリーで、ブルガリア北東部の黒海沿岸の都市ヴァルナからコンスタンティノープルまでも船旅であった。終点まで列車で乗り継ぎなしで運行されるようになるまで、6年を要したのである。

だが、パリ出発から82時間後、予定どおりにコンスタンティノープルに到着し、一行はスルタンから出迎えられ、歓迎されたのだった。

のちに、乗り継ぎなしで運行されはじめると、水曜日夜19時30分にパリを出発、土曜日夕方17時35分にコンスタンティノープルに到着するようになった。船よりも早く、便利なために、種々の旅行者が乗車し、大人気を博した(図4-10)。

1914年の第1次世界大戦勃発後、オリエント急行は一時的に運行休止となったが、1918年には第2の路線が開通している。この路線こそが「シンプロン・オリエント急行」で、イギリスの推理小説家アガサ・クリスティ(1890-1976)の代表作『オリエント急行殺人事件』(1934年)の舞台となった。

「シンプロン・オリエント急行」は、オリエント急行の路線ではもっとも南寄りを走る急行である。イスタンブールから西へと進んだのちに、アルプス山脈を東西に貫通し、スイスとイタリアを結ぶシンプロントンネルを通過し、ミラノ、ヴェネツィア、トリエステとヨーロッパ南方を走行する。

1906年に開通したシンプロントンネルは、アルプスのシンプロン峠の両入口にあたるスイスのブリークとイタリアのドモドッソラを結んでおり、全長が20キロ弱という長さで当時としては世界最長を誇った。

このシンプロン線は1920年代から30年代をつうじて人気の路線となり、最初のルートよりも人気が高かった。

じっさいに、クリスティは1928年秋にこの「シンプロン・オリエント急行」に乗って中東へと旅立っており、イスタンブール経由でバグダッドを観光した。『オリエント急行

図 4-10　1888 年発行のオリエント急行のパンフレット

殺人事件』の物語では、列車が大雪のせいで止まってしまうのだが、これは1929年にオリエント急行が大雪で立ち往生したという史実をクリスティが援用したと考えられている。

ちなみに、オリエント急行での殺人事件の記録はないが、冷戦時代の1950年代にアメリカの諜報員が列車から転落死した記録が1件残っているとのことである。

オリエント急行の最盛期だった1930年代、第3の路線「アールベルク・オリエント急行」の運行がはじまっている。スイスのチューリヒ、オーストリアのインスブルック、ハンガリーのブダペスト経由で、ルーマニアのブカレストあるいはギリシアのアテネへむかうルートだった。

第2次世界大戦が勃発した1939年にオリエント急行はふたたび運行休止となり、戦後にまた運行が再開されたが、最初のルートのオリエント急行とアールベルク線は1962年に廃止、シンプロン線は運行形態やルートを変更・縮小しながらかろうじて継続していたが、ついに2009年に廃止された。

だが、ヨーロッパを横断するオリエント急行は、当時は西欧にほとんど知られていなかった東欧まで走行する世界有数の異国情緒あふれる鉄道で、豪華な内装やサービスによる優雅な鉄道旅行の夢を1世紀以上にわたって実現しつづけたのである。

ヒジャーズ鉄道とアラビアのロレンス

19世紀末から20世紀前半までは、オリエント急行のみならず、世界各地で長距離鉄道が敷設された時代だった。それは鉄道が軍事的・政治的価値を有していたためだ。ヒジャーズ鉄道のばあい、おもてむきは巡礼者のためだったが、政治的にはオスマン帝国によるアラビア半島支配の強化が目的だった。

ヒジャーズ鉄道はオスマン帝国が建設した世界有数の大規模な鉄道である。ドイツ人鉄道技師ハインリヒ・アウグスト・マイスナー（1862－1940）の主導で1900年末に建設が開始された。

夏の日中は気温が50度に達するなかで、建設作業員は最大時7000人が人里離れた土地で1700キロもの距離を延々と敷設していった。さまざまな問題が発生し、結局は当初予定されていた最大の聖地メッカまでの400キロは敷設されずに、メディナが終着駅となった。

建設に8年間の歳月がついやされて、1908年9月にヒジャーズ鉄道は完成した。

アラビア半島西側をシリアの古代都市ダマスカスから南下し、アンマン、マアーン、タブーク、マダイン・サーレハ、イスラーム第2の聖地メディナまでを、ヨルダン地方、ヒジャーズ地方を走破する鉄道で、総延長約1300キロであった。

この鉄道全線の常時運行は、じつは1908年から1916年までしかおこなわれなかった。遅い走行速度、混雑した車両内など、巡礼者にとって快適ではなかったが、とはいえ、ヒジャーズ鉄道によって、ダマスカスからメディナまで陸路で40日も要する距離がわずか1日あまりに短縮されたのだった。

ヒジャーズ鉄道は、オスマン帝国が第1次世界大戦に同盟国側で参戦すると、戦場となった。

第1次世界大戦勃発時にアラビア半島を支配していたオスマン帝国に対して、アラブ人が大戦に連動して反乱を起こすと、オスマン帝国軍を自国内にとどめておくために、イギリスはアラブ人諸部族を支援した。

デビッド・リーン監督の映画『アラビアのロレンス』（1962年）の主人公のモデルとなったトマス・エドワード・ロレンス（1888-1935）がこのアラブ人の反乱を指導して、ヒジャーズ鉄道の列車襲撃と線路破壊工作をゲリラ戦でくりかえし、鉄道を制覇していった。

第1次世界大戦後は、破壊をまぬがれた区間や支線が運行されていたが、全線復旧されることはなかった。現在では、メッカ巡礼者たちは飛行機に乗って聖地にむかうからである。

ロシア帝国を滅ぼしたシベリア鉄道

ユーラシア大陸を横断するシベリア鉄道は、1850年代から構想と議論がおこなわれてきたが、30年間、決定されないままだった。1886年になってようやくシベリア鉄道建設が決定したものの、建設がじっさいに開始されたのは、1891年5月末日のことだった。決断理由はやはり軍事目的で、このような長大な鉄道があれば、防衛・攻撃に迅速な対処ができるというものである。

ロシア帝国の工業化を指揮するかたわら、シベリア鉄道建設という未曽有の一大事業のかじ取りをしたのは、運輸大臣セルゲイ・ヴィッテ（1849-1915）である。東欧中央部の都市モスクワから極東部の都市ウラジオストクまでの9250キロという、現在でも世界最長を誇る鉄道の建設費用を堅実に確保した。

鉄道全体を西部、シベリア中央、極東と約2400キロごとに3分割して、1891年に西側から工事を開始した。あまりに長大な路線、低温下での工事、地元での資材や労働力の不足といった困難は熾烈をきわめた。

シベリア中央部敷設のさいには、シベリア送りになった受刑者を労働力とした。8ヵ月の労働と引き換えに刑期が1年減免されるという取り決めで、受刑者たちは勤勉に敷設作業に従事した。

1899年には西部分とシベリア中央部分が完成し、モスクワからバイカル湖南西の工業都市イルクーツクまでは開通した。その東方のバイカル湖南岸の山岳地帯は工事が難航したために、中国の満州北部を通過するルートを選択した。政治交渉を経て、敷設が完了したのは1901年のことである。しかし、この鉄道経路は中国と日本の政府を刺激することになった。

最終的には、ロシア東南部のアムール地方を走行するアムール鉄道が1906年に完成してようやく、ロシア国内だけのルートで走破するシベリア鉄道が全開通した。

シベリア鉄道は2度の世界大戦でも軍事的に重要な役割をはたし、結果的には、現在もシベリアとほかのロシア諸地域を結ぶ交通の大動脈となっている。

だが、この鉄道は、満州の支配権をめぐって日露が衝突するという日露戦争の原因のひとつになった。それどころか、鉄道敷設に資源・資本を集中させたために、ほかの支出との不均衡を招来した結果、2度にわたるロシア革命の動因にもなってしまった。

1917年ロシア歴10月に、ロシア帝政は打倒されて、皇帝ニコライ2世(1868-1918)とその家族は処刑されてしまう。皮肉にも、かれらが処刑されたのは、ロシア中西部ウラル地方の都市エカテリンブルクで、シベリア鉄道西部区間の主要駅だった。

現在では、シベリア鉄道は複線化および電化されているほか、多数の貨物車や客車が運行していて、なお世界最長にして最重要な鉄道となっている。

鉄道が利用された戦争犯罪

第2次世界大戦では、ヨーロッパの鉄道は最大の残虐行為に加担した。すなわち、ホロコーストである。ホロコーストで虐殺されたユダヤ人は約600万人、その他数百万の人びとも犠牲になっている。

鉄道は当初、ドイツ国内のユダヤ人のゲットー(強制居住地域)移住に使用された。だが1942年1月以降には、ユダヤ人やほかの犠牲者たちは強制収容所へ強制移送されるようになった。

かれらはたいてい貨車で移送されたが、貨車不足のために1両に150人がすし詰めにされた。食事も水もあたえられず、窓には鉄格子がはめられていて、トイレにはバケツ1個があてがわれたのみだった。

しかも、強制移送される人びとはみずから片道切符を買わされていた。これによって、ナチスドイツは莫大な収益を得ていたのである。

第2次世界大戦中の強制移送に関与した鉄道会社数社は、ようやく21世紀になって謝罪した。2005年にオランダ鉄道が、2011年にフランス国有鉄道（SNCF）が謝罪している。

鉄道の支配者がいかに強大な輸送力をもつかを示す例でもあるだろう。

4 豪華客船の夢

蒸気船による大西洋横断航路

いわゆる「大航海時代」が西洋による植民地獲得競争を誘発させた。植民地が建設されると、現地と本国のあいだを多くの人びとが往還する必要が生じてくる。当初の交通手段は帆船だったが、19世紀中期から蒸気船が現れる。

ヨーロッパからアメリカ大陸への移住が隆盛を誇った時期には、蒸気船がメインの交通手段となった。かつて帆船では客と荷物はいっしょに輸送されていたが、客船が登場すると、人びとは客船を利用し、荷物は貨物船で運ばれるようになった。

ジェームズ・ワットが１７６５年に蒸気機関を開発したのち、１７８３年にフランス人技師クロード・フランソワ・ジュフロワ・ダバン（1751-1832）が船に取りつけて蒸気船を開発したのが、最初の事例とされている。

アメリカでは、１７８７年に時計屋にして測量技師のジョン・フィッチ（1743-98）が蒸気船を建造し、１７９０年にデラウェア川で営業運行をはじめた。これが史上初の蒸気船の営業運行といわれている。一方、イギリスでは技師ウィリアム・シミントン（1763-1831）が1788年に蒸気船を製作している。

初期の蒸気船の開発と実験は、1789年のフランス革命以前におこなわれていたのである。

だが、もっとも有名なのは、「蒸気船の発明者」とされる発明家ロバート・フルトン（1765-1815）である。1807年に直立シリンダー1本のレシプロエンジン（往復動機関）による蒸気船をハドソン川に浮かべて実用化し、営業運行にも成功した。

ハドソン川中流域には農産物が集まるニューヨーク州の州都オールバニがあり、ニューヨークとのあいだで物流と人びとの往来はたえなかったが、内陸部の河川では風が弱くて、帆船むきではなかった。そこに、風がなくても航行可能な蒸気船最大の利点があったのだ。

1819年には、蒸気船による史上初の大西洋横断が達成されている。合衆国ジョージア州サヴァンナからイギリス中西部の港町リヴァプールまでの29日間の航海だった。

1840年に蒸気船の北大西洋定期航路を開いたのは、カナダ出身の海運事業家サミュエル・キュナード（1787-1865）である。1839年5月、月2回の郵便定期運送を条件に、莫大な補助金が受給される7年間の契約をイギリス海軍省と結ぶことに成功した。

かれはキュナード・ラインと呼ばれた新会社を設立し、「ブリタニア号」、「アケイディア号」、「カレドニア号」、「コロンビア号」という4隻の大型客船を就航させた。

1840年7月、乗客63人を乗せた1156トンの1番船「ブリタニア号」の初航海がおこなわれた。12日と10時間でリヴァプールからカナダのノバスコシア州西海岸の都市ハリファックスに、14日でアメリカ西海岸のボストンに到着している。

「ブリタニア号」は、船体の両側面に推進器として外車《そとぐるま》を設置し、蒸気機関で回転させて航行する外輪船であり、初期の蒸気船はみな外輪船であった。

だが、1836年にスウェーデンとイギリスでスクリューが発明されると、蒸気船はスクリュー推進式に変更されていく。鉄道車両や蒸気船の技術者イザムバード・キングダム・ブルーネル（1806-59）が設計して、1843年に完成させた3270トンの「グレート・ブリテン号」は、スクリュー推進を採用した最初の大西洋横断船である。

「ブリタニア号」はイギリスから北米移住者を移送したのち、アメリカで家畜や小麦を積んで復航した。

客室に関しては、船体前部に3等男性室、中央部に1等および2等船室、後部に3等夫婦用船室、さらに後方に3等夫人室が配置されていた。3等客室は大部屋に仮設の棚状の寝台が並んでおり、復航時には家畜や小麦を積みこむスペースとして使用された。

19世紀中葉の蒸気船は、燃料の石炭を大量に積載しなければならなかったために、旅客用のスペースには限界があった。食事も塩漬け肉程度の貯蔵技術しかないゆえに、質素なものである。

だが、19世紀末には、客船は一流ホテルなみのインテリアで装飾されて、おなじく豪華な食事を提供するようになっていく。

ヨーロッパからアジアへむかう航路に劇的な変化をもたらしたのは、1869年11月中旬のスエズ運河開通である。たとえば、帆船でロンドンからシンガポールまで喜望峰を周回したばあい、最速で116日かかったという記録に対して、蒸気船ではグラスゴーからシンガポールまでわずか42日で到達しており、約3分の1まで短縮されたのだ。

フランス、ドイツもまたそれぞれ、1890年代にはヨーロッパとアジアを結ぶ定期便の運航を開始する。かくして、欧州と極東を結ぶヨーロッパ列強の定期航路はつぎつぎと整備されていったのである。

豪華客船の旅

1889年8月上旬に、ポーツマス沖のスピットヘッドで大英帝国海軍の観艦式が盛大に催された。この式での目玉となったのが、9984トンの大型客船「チュートニック号」で、前月に完成したばかりだった。

これは19世紀半ばに成立したイギリスの海運業者ホワイト・スター・ラインが、アメリカのキュナード・ラインに対抗するために建造した新鋭客船だった。観艦式で「チュートニック号」を謁見し、同様の客船が自国にも必要だと側近に伝えたのが、30歳のドイツ皇帝ヴィルヘルム2世（1859-1941）である。主賓として招待されていたのだ。

この皇帝の意志を受けて、ブレーメンの海運業者である北ドイツ・ロイド社（NDL）が建造した大型客船が、「カイザー・ヴィルヘルム・デア・グローセ号」（ヴィルヘルム大帝の意で、ドイツ統一をはたした皇帝でヴィルヘルム2世の祖父）である。

当時の世界最大・最速を誇った、この世界初の4本煙突の大型貨客船が寄港するたびに、無数の人びとが港に殺到したほどの人気を誇った。就航した1年目の1897年だけで北ドイツ・ロイド社の旅客輸送成績を2倍以上に押し上げた。

同年9月に完成したこの客船は、船内設備も同時代ではきわめて豪華で、1等ダイニングルームはアール・ヌーボー様式で装飾されており、まるで宮殿のようだった。やはり図書室、スイートルーム、婦人専用ラウンジ、紳士用喫煙室なども設置されていた（図4-11）。「カイザー・ヴィルヘルム・デア・グローセ号」の上等船室に豪華内装をほどこしたことが先例となって、以降に建造された客船の上等船室の内装も豪華に装飾されるようになっていったのである。

ところで、20世紀初頭までのヨーロッパとアメリカを結ぶ大西洋定期航路は、キュナード・ライン、ホワイト・スター・ライン、北ドイツ・ロイド社、ハンブルク・アメリカ・ライン（Hapag、

図4-11 「カイザー・ヴィルヘルム・デア・グローセ号」の第1等船室喫煙サロンの内装

「ハパグ」と略記）の4強が握っていた。

1902年に、アメリカの5大財閥のひとつモルガン財閥が持株会社インターナショナル・マーカンタイル・マリン社を設立して、外国の海運会社の買収を開始した。大西洋の海運交通を独占して、運賃の安定をめざすという遠大な計画である。

この事態に対して、ホワイト・スター・ラインは傘下に入り、北ドイツ・ロイド社、ハンブルク・アメリカ・ラインは持ち株を共有して協調路線を選択したが、キュナード・ラインは身売りせずに、3万トン級の超大型客船2隻を建造して、攻勢に出ようとする。

その2隻こそが1906年に完成した「ルーシタニア号」と「モーレタニア号」である。この豪華客船2隻の客室レイアウトは同一デザインを採用していたが、内部装飾は異なっていた。

「ルーシタニア号」の1等ダイニングルームは白と金を基調としたルイ16世様式だが、「モーレタニア号」のばあいは、クリーム色と金色をモチーフとしたフランシス1世様式だった。3等船室の設備も向上させたために、他社の2等船室に相当するといわれた。

1915年5月に前者を撃沈したのは、ドイツの無制限潜水艦作戦による潜水艦U－20の魚雷攻撃で、犠牲者1000人以上を数えた。

タイタニック号の悲劇

巨大豪華客船の時代をさらにいろどったのは、ホワイト・スター・ラインが建造した3巨船で、世紀の豪華客船とうたわれた。新式の推進機関を搭載したこの3隻は、最終的には「オリンピック号」、「タイタニック号」、「ブリタニック号」と命名された。1911年5月に完成した1番船「オリンピック号」の乗客定員は2435人に達している。

2番船「タイタニック号」の海難事故は、のちの飛行船「ヒンデンブルク号」の大事故とおなじく、さまざまなメディアで描かれてきた（図4－12）。なかでも、ジェームズ・キャメロン監督の映画『タイタニック』（1997年）は、この海難事故を叙事的に描いて、大ヒットを記録している。

図 4-12　タイタニック号

この大規模災害が有名になった理由は、1912年3月に完成した「タイタニック号」が、同年4月10日に処女航海で出港後、4日後の4月14日深夜に氷山と衝突して沈没したことによる。「不沈船」と呼ばれた巨大な豪華客船が処女航海で乗客・乗員ともに1500人以上の犠牲者を生んだからである。

現在では、なぜ氷山と衝突してしまったのかの検証は多くなされており、大小いくつかの不運が重なった結果、当時最大の海難事故をひき起こしたということのようだ。

たとえば、事故当日の夜の天候は晴天だったが、新月ゆえに月明かりのない完全な闇夜で、海水温度が低く、進行方向の海面には靄《もや》もかかっていたこと、「タイタニック号」には双眼鏡が配備されていなかったために、マストの見張り台の当直員は肉眼のみで前方監視していたということ、氷山との接触で右舷船底に90メートルもの亀裂が発生し、大量の海水が浸水したために浮力が失われたこと、救命艇の数が乗客数に対してごくわずかしか搭載されていなかったことなどである。

じつは、氷山との衝突から沈没まで2時間半の時間があった。そのあいだに、船内では極限状態におちいった人びとによる悲劇が無数にくりひろげられたのである。

事故後に、「オリンピック号」は安全のための徹底的な改装が半年間かけて実施されたほか、救命艇が20隻から48隻に増加されている。この「オリンピック号」のみが1935年10月に売却解体されるまでの24年間を、第1次世界大戦をこえて生きのびたのだった。

3番船「ブリタニック号」が定員3598人の病院船として完成したのは大戦中の1915年11月のことだが、その最期は早くも1916年11月下旬におとずれた。エーゲ海でドイツの潜水艦の敷設機雷に接触し、約1時間で沈没した。奇しくも「タイタニック号」が氷山との衝突で亀裂を生じたのと同一の箇所から浸水したという。

クルーズ船の遊覧

2度の世界大戦中、豪華客船は各国それぞれの海軍に徴用されて、兵員輸送に使用された。その結果、撃沈の運命をたどった客船も少なくない。

とはいえ、現代では商業航空が高度に発展したために、定期客船網は活躍の場を失ってしまった。しかし、遊覧目的のクルーズ客船は欧米ではなお人気を博している。

その先駆けとなったのは、イギリスの海運会社ペニンシュラ・アンド・オリエンタル・スティーム・ナビゲーション社（P&Oライン）による1840年代におこなわれた地中海を観光遊覧する船旅であった。

帆船時代からずっと、ヨーロッパと北米大陸のあいだをたくさんの移住者たちが往来しており、蒸気船時代にはさらに隆盛をむかえるが、北大西洋の冬は荒天で海が荒れるために、両大陸間の乗客が少なくならざるをえない。

それゆえに、ハンブルク・アメリカ・ラインの取締役アルベルト・バリーン（1857－1918）が考案したのは、オフシーズンに自社船を用いての地中海観光の船旅である。

7661トンの「アウグスタ・ヴィクトリア号」によるハンブルクから地中海へのクルーズをおこなったのは1891年1月のことだが、大成功をおさめた。つづいて1905年に他社の客船を購入し、クルーズ専用船とした。さらに1911年には自社の客船を改名してクルーズ専用客船にして、2隻の専用船によるクルーズを地中海で運行した。客船を定期便に使用しないという発想は、同時代では新奇であった。

1910年1月には、同社が1908年に建造した1万6971トンの「クリーブランド号」が世界一周クルーズに出航している。これが客船による世界一周クルーズの最初の例といわれる。乗客660人が日本に滞在したさいには、京都の京都ホテルと都ホテルに分宿している。この世界一周クルーズが大成功となったために、それ以降第1次世界大戦までの3年間、毎年企画された。

第2次世界大戦後、多く残っていたイギリスの客船はヨーロッパ戦線からのアメリカ兵帰還輸送に使用された。しかしながらその後、人びとの長距離交通として発展したのは商業航空だった。

1957年に北大西洋を横断する旅客数は船舶と航空機が同数になり、2年後の1959年に海路90万人に対して空路150万人と大幅に増大して、需要が逆転した。翌1960年以降は、客船で数日かかっていた大西洋を、数時間でジェット旅客機が横断するようになると、ますます空輸の需要が高まった。

そこで、一部の富裕層を相手にしてきた豪華客船によるクルーズという発想を転換して、大衆的なクルーズを開始したのが、ノルウェージャン・カリビアン・ライン（NCL）である。1966年にフロリダ州南端の港町マイアミに設立されたこの会社は、毎週末にマイアミからカリブ海へのクルーズを企画した。

それまでのクルーズは冬季限定であったために、乗客は早期からクルーズ先を決定して、予約しなければならなかった。これに対して、NCLは毎週末のマイアミからのカリブ海クルーズを提供したゆえに、安価でクルーズに参加できるようになった。しかも、航空会社と提携して、アメリカ国内の空港からマイアミまでの往復航空運賃も低価格に設定したのである。

このようにして、客船によるクルーズは、高級レジャーではなく、大衆的かつ安価なレジャークルーズとなっていくと同時に、客船はまたもや巨大化の一途をたどっていく。

2008年には10万トンを超える客船は44隻を数えている。クルーズに参加した人口も1990年には370万人だったのが、2003年には960万人を突破した。

たとえば日本でも、1989年4月、商船三井が史上最大の2万3340トンの客船「ふじ丸」を就航させたのを嚆矢として、わが国の船会社が同年から翌年にかけて本格的なクルーズ用客船の建造に着手したという時期があった。

21世紀の現在では、「動くリゾート」と化した超巨大客船によるクルーズは、新しい海洋レジャーとしての地位を獲得している。

A GLOBAL
HISTORY OF
TRAVEL

第5章

現代II

新たな
テクノロジーによる
旅と極地探検

ここまで見てきたように、20世紀以降の娯楽旅行はわれわれのよく知るかたちになった。一方で、現代の冒険旅行はどうだろうか。

ガソリンエンジンという新しい内燃機関の発明は、人類をさらなる領域に進出させることになった。すなわち、大空への旅である。

19世紀末から開発がはじまった航空機や飛行船は、この新動力なしには発明されなかった乗りものであった。とはいえ、初期の飛行可能な乗りものは天候に左右されることも多かったが、それでも、人類は大空の征服への第1歩を着実に踏み出したのである。

おなじく、人類未踏の地として最後まで残っていた北極圏と南極圏もまた、装備品や寒冷地探検の方法論の進歩によって、ついに20世紀に攻略された。18世紀後半のキャプテン・クックの世界航海以来、空白だった世界地図のピースが埋められたのである（とはいえ、これらの新しい旅は地図で追いかけにくいものとなっている）。

そして21世紀には、宇宙旅行が大衆ツーリズムのビジネスモデルとして登場する。大気圏を越え、成層圏を抜けて、宇宙空間で無重力状態を楽しむ宇宙旅行が、すでにスタートアップ企業によって企画されている。

いつの時代も、新しいテクノロジーはおなじく新しいビジネスを誕生させるのだ。いまだ価格は非常に高額であるものの、宇宙への旅行は、もはや古代から人びとが思い描いてきた夢物語ではなくなった。われわれが生きる今世紀は、宇宙空間への旅が特異ではなくなる時代の到来を予感させてくれる。

1 大空の旅

飛行機の発明

19世紀末、地球上で人類がいまだ支配できなかった領域は空だった。それゆえ、20世紀前半に実現された優雅な空の旅にいたるまでには、多くの先人たちの努力の積み重ねが必要だった。

1783年9月中旬のジョセフ＝ミシェル（1740－1810）とジャック＝エティエンヌ（1745－99）のモンゴルフィエ兄弟による熱気球での飛行は、人間が完全なかたちで浮力を得て空を飛んだ最初のものとして記録されている。熱した空気が軽くなる性質を利用した飛行であった。その後、気球の有効性が証明されて、アメリカの南北戦争や普仏戦争でも、軍事的に利用されている。

くわえて、ガソリンエンジンの技術向上は、人間の移動空間をさらに拡大することになった。自動車用エンジンの性能が安定してくると、飛行機へ応用されたからである。つまり、いまや空中での移動が可能になったのだ。

兵器としての重要度が増大した飛行機は、国家的規模での関発が進展した結果、めざましい性能向上を達成した。ガソリン自動車とおなじく、フランスとドイツが飛行機の性能を競いあったのだった。

20世紀の航空技術の発展に大きく寄与したのが、ドイツの技術者オットー・リリエンタール（1848－96）のグライダー開発と2000回の飛行実験だった。だが1896年8月上旬の朝、リリエンタールは墜落し、翌日に死去した。

しかしながら、リリエンタールの墜落事故に刺激されて、飛行機の研究をはじめた者たちのなかに、アメリカ南部ノースカロライナ州の自転車製造業者ウィルバー（1867－1912）とオーヴィル（1871－1948）のライト兄弟がいた。

かれらは大型の凧やグライダーで飛行試験をくりかえし、揚力（流体中を進行する物体が進行方向と直角の方向に受ける力）のデータを収集した。そして、１９０２年に製作した複葉グライダーでは、ウィルバーの飛行時間26秒、飛行距離１９０メートル、オーヴィルの21秒、１８８メートルという飛行記録を達成した。

翌１９０３年12月中旬、ライト兄弟は人類最初の動力つきプロペラ飛行機の飛行に成功する。さらに、１９０６年に飛行機での特許を取得、１９０８年にはヨーロッパで公開飛行をおこなっている。

ライト兄弟によって、動力で飛行する航空機の時代がはじまり、飛行機は2度の世界大戦をつうじて、長足の進歩をとげていく。そして、ライト兄弟と同時期に開発が進んだもうひとつの空への挑戦があった。気球の発想をさらに応用した飛行船である。

リンドバーグの大西洋横断飛行

もともと乗りものや機械が好きな少年だったチャールズ・リンドバーグ（１９０２－74）は１９２２年、パイロットを志望して、大学を中退し、航空学校に入学する。しかし、学費が払えなくなって、２ヵ月で退学せざるをえなかった。その後、整備士として飛行機巡業に参加して、操縦経験を積んだ。この時代は飛行機に人びとを乗せたり、アクロバット飛行をみせる巡業者たちがいて、バーンストーマーと呼ばれた。

1923年には飛行機を入手し、自身の巡業団を結成して巡業した。翌1924年にアメリカ陸軍の航空隊に入隊、首席で卒業している。その数ヵ月後には航空会社ロビンソン・エアクラフトに就職、ミズーリ州東部のセントルイスとイリノイ州最大の都市シカゴを結ぶ郵便飛行機のパイロットになった。

第1次世界大戦後は航空機の平和利用が促進されて、航空輸送の開拓が進展していたが、郵便飛行機は非常に危険な乗りもので、リンドバーグも故障や悪天候によるトラブルによって、パラシュートでの脱出を2度も経験した。

『星の王子さま』（1943年）で知られるフランス人作家アントワーヌ・ド・サン＝テグジュペリ（1900-44）もテストパイロットをつとめたほか、モロッコ最大の都市カサブランカとセネガルの首都ダカール間の郵便飛行機パイロットだった。その実体験にもとづいて、『南方郵便機』（1929年）、『夜間飛行』（1931年）といった飛行機文学ともいうべき作品を上梓している。

1919年5月に、ニューヨークのホテル王ことレイモンド・オルティーグ（1870-1939）が5年以内の期限でニューヨークとパリのあいだを無着陸で飛行した飛行家に賞金

2万5000ドルをあたえるというオルティーグ賞を公表した。ところが、期限以内に成功者がいなかったために、さらに期間を5年延長した。

つぎつぎと挑戦者が失敗していくなかで、リンドバーグは苦心してスポンサーを探しだすと、ライアン・エアクラフト社に郵便飛行機の改良を依頼し、2ヵ月で完成したのが燃料の搭載量を増加させた単発機ライアンNYP-1だった。出資者たちの故郷セントルイスにちなんで、「スピリット・オブ・セントルイス号」と命名された。

1927年5月20日朝、ニューヨークのルーズベルト飛行場を飛び立ったリンドバーグは、翌21日夜にパリのル・ブールジェ飛行場に着陸する。飛行時間は33時間30分、数万もの観客が飛行場に押し寄せた。

霧による視界不良や氷結と苦闘しつつも、リンドバーグが大西洋単独無着陸飛行に成功した瞬間だった。

記録達成から1年後に「スピリット・オブ・セントルイス号」はスミソニアン博物館に寄贈されて、現在も展示されている。

旅客機の登場

1930年代に入ると、航空機による旅客輸送は定着しつつあった。ドイツのユンカースJu-52シリーズやアメリカのボーイング247といった旅客機の両翼にエンジンを取りつけた多発機の開発にくわえて、キャビンを密閉にして、暖房設備や防音がほどこされた密閉型キャビンが普及していく。これらの旅客機は第2次世界大戦がはじまると、軍用輸送機として使用されることになる。

しかし、この時期、すでにジェットエンジンの開発が進んでいた。イギリス空軍技術士官フランク・ホイットル（1907-96）が自身で開発したジェットエンジンの特許を1930年に取得している。

また同時期にジェットエンジンを開発していたドイツの物理学者ハンス・フォン・オハイン（1911-98）は航空機メーカーのハインケル社の協力も得て、1937年にジェットエンジンを搭載した試作機の試運転をおこなった。

かくして、第2次大戦以前から開発が進行していたジェットエンジンは、大戦末期には実用化がなされて、ドイツとイギリスのジェット戦闘機が実戦投入されている。ジェットエンジンの実用化は戦後の旅客機に革命的な進歩をもたらすことになった。

戦後しばらくは、旅客機はレシプロエンジン機が主流であったが、ジェットエンジンでプロペラを駆動させるターボプロップ機が開発されると、短・中距離の路線に普及した。

さらに、技術や環境の点で開発が遅れていたターボジェットエンジン搭載の旅客機の運行は、ようやく1950年代以降に開始される。静穏な機内と安定した高空飛行性能を可能にしたジェット旅客機によって、ついに長距離高速移動の時代がはじまったのだ。

そして、ジェット旅客機の登場と入れかわりで、人員輸送のための客船の時代は終焉をむかえたのである。

ツェッペリン飛行船の時代

「飛行船」とは、その名のとおり、飛行する船ゆえに、平底船（ゴンドラ）をつりあげて飛ぶという発想である。アルミニウムを使用して飛行船を最初に建造したのが、ハンガリー王国生まれの林業者ダーフィット・シュヴァルツ（1850-97）である。19世紀後半では、アルミニウムは高価で貴重な金属だった。

林業を営んでいたシュヴァルツは技術教本を読んだことから、突如として飛行船の設計をはじめたという異色の経歴のもち主で、ヨーロッパ各地で飛行船建造の失敗を重ねたのち、流浪中にウィーンで頓死したが、夫の飛行船事業を妻メラニエが継承する。

1897年11月初旬に、ベルリンのテンペルホーフでシュヴァルツ設計の飛行船は飛行実験をおこなった。全長48メートル、直径14メートル、ガス容量3700平方メートルの飛行船は浮上したものの、制御不能となって墜落した。

これを目撃していたのが、フェルディナント・フォン・ツェッペリン伯(1838-1917)だった。メラニエ・シュヴァルツや飛行船を建造した工場主カール・ベルク(1851-1906)と契約したツェッペリン伯は試行錯誤をくりかえしたのち、ついに1900年7月2日、みずからの設計で建造した飛行船での飛行に成功する。

のちに、「ツェッペリン」という語が「ツェッペリン飛行船」そのものを意味する時代がはじまったのだ。

ヴュルテンベルク地方出身の貴族ツェッペリン伯は、アメリカの南北戦争や普仏戦争に従軍し、気球の有効性を知ると、飛行船建造に情熱を燃やすようになった。1891年に中将だったかれは52歳で退官すると、一念発起して飛行船の設計にとりかかった。1891年に最初の飛行船設計図を完成させ、特許も1895年8月末に取得する一方で、1897年にはドイツ最南端に位置するボーデン湖畔の町フリードリヒスハーフェンに拠点を移し、飛行船建造用水上ドックの建設を開始した。

前述のとおり、最初の飛行船LZ1の初飛行の成功は1900年だが、ツェッペリン伯は実用化のために実験と失敗、墜落を重ねながら、つぎつぎと新しい飛行船を試作していった。ちなみに、LZとはツェッペリン飛行船（Luftschiff Zeppelin）の略記号である。

その過程で、飛行船に特化した部品を製造するツェッペリン飛行船有限会社を設立し、ビジネスパートナーだったカール・ベルクの娘婿アルフレート・コルスマン（1873-1955）はDELAGという略称をもつドイツ航空輸送株式会社を創業している。DELAGは、世界初の航空会社とされており、郵便物輸送や飛行船の遊覧飛行サービスの運営をめざしたもので、飛行船の遊覧飛行ビジネスを開拓したのだ。

「シュヴァーベン号」と名づけられたLZ10は、1911年7月に乗客8人、乗員8人でスイスへの飛行をおこない、スイスの諸都市を巡遊したのち、ボーデン湖へ帰還した。翌1912年6月、LZ10はドイツ国内の都市を巡回し、郵便物を届ける公式郵便飛行もはじめて実施した。

バーデン・バーデンのオース空港から、ゴータ、ベルリン、ポツダム、フランクフルトを周遊する遊覧飛行船として安全性を確立したLZ10は、1911年から12年にかけて2

24回の飛行をおこなった。安全のために時速30キロ、乗客20人で遊覧距離は350キロほどだったが、のちに時速75キロまで上昇した。

最終的に、LZ10は224回の飛行、乗客総数4354人、総飛行距離約2万7300キロを記録して、営業的な成功をおさめている。

そののちも、新型飛行船LZ11、13、17などが建造されて、フランクフルト、ハンブルク、フリードリヒスハーフェン、バーデン・バーデン、ポツダム、デュッセルドルフ、ライプツィヒ、ヨハネスターラー、ゴータなど、ドイツ国内の初期飛行船航路を開拓した。

しかし、1914年に第1次世界大戦がはじまると、1915年1月20日、飛行船2隻による最初のイギリス本土爆撃を皮切りに、ツェッペリン飛行船はイギリス爆撃に利用されるようになった。

大戦初期は飛行船の高高度からの爆撃に、イギリスの飛行機は手が出なかった。だが、後期になると、英軍機の性能や武装、パイロットの操縦技術が向上し、飛行船はガス室を撃ち抜かれて、水素ガスに引火、一瞬で爆発炎上してしまう。

第1次世界大戦でのツェッペリン飛行船の損失は、地上での事故もふくめて、51隻にもおよんだ。

飛行船での世界一周旅行

大戦中の1917年3月にツェッペリン伯が病死したのち、その事業を継承したのはフーゴー・エッケナー(1868-1954)である。かれは新聞社の記者だったが、ツェッペリン伯と飛行船に魅了されてから、ついには社員となり、飛行船船長としても操縦を担当していた。

大戦後の逆境のなかで、エッケナーは飛行船の郵便事業と旅客事業を推進し、大型の飛行船を建造していった。

1918年8月に、残存するわずかな資材でLZ120を完成させて、ベルリン―フリードリヒスハーフェン間の国内往復航路を開通させた。この路線は評判が高く、客席20席は1週間先まで予約が殺到して、8月末から12月のシーズンオフまで合計101回分を運行した。

当時の鉄道では南ドイツからベルリンまで600キロの距離に28時間を要したが、ツェッペリン飛行船ではたったの6時間だった。船内では食事も提供されたうえに、なんといっても、南ドイツからモダンな首都ベルリンまでの空の旅と、空からの眺望は乗客にこれまで経験したことのない感動をあたえたはずである。

1925年にドイツの産業規制が緩和された結果、1928年7月8日にさらに巨大なLZ127「グラーフ・ツェッペリン号」(ツェッペリン伯号)が完成した。

全長236・6メートル、最大体積10万5000立方メートルという世界最大の巨大飛行船で、530馬力のマイバッハエンジンを5基搭載していた。展望室のほか、客室はすべて個室で、男女別のシャワー室、ラウンジ兼ダイニングルームに、一流ホテルなみの食事を提供する調理師とスチュワードをふくめて乗務員40人から45人、乗客定員は20人だった。

同年10月に、「グラーフ・ツェッペリン号」はアメリカへの初飛行に旅立った。フランスのローヌ川、ジブラルタル海峡、アゾレス諸島、バミューダ諸島、アメリカ合衆国メリーランド州へ到達し、ワシントンから北上、ニューヨークに到着した。走破距離9870キロを111時間44分で、大西洋を横断する空の旅であった。

エッケナーのつぎなる目標は「グラーフ・ツェッペリン号」の世界一周旅行である。アメリカの新聞王ウィリアム・ハースト(1863-1951)にくわえて、ドイツの出版社2社、日本からは大阪朝日新聞、大阪毎日新聞がスポンサーになったほか、郵便輸送、航空券販売によって費用をまかなった。

世界一周の乗客はふたりのみで、ほかは1区間の乗客で、多くは軍や新聞社の関係者だった。世界一周旅行の航空券は2500ドルで、柘植久慶『ツェッペリン飛行船』(中公文庫、2000年)の試算だと、当時の日本円で5000円相当という。大卒の初任給が50円程度で、3000円で夫婦と子どもふたりの家族が住める家屋が建てられたという時代であったとされるゆえに、非常に高額であるのがわかるだろう。

1929年8月7日夜、「グラーフ・ツェッペリン号」は世界一周をめざして、アメリカ合衆国ニュージャージー州のレイクハーストを出発、8478キロの距離を飛行し、所要時間は67時間31分でドイツのフリードリヒスハーフェンに到着した。

8月15日に飛び立つと、首都ベルリン、東プロイセンのケーニヒスベルク(現ロシア連邦のカリーニングラード)、ウラル山脈、シベリアのツンドラ地帯を通過し、北海道を横断したのち、8月19日午後、東京上空に「グラーフ・ツェッペリン号」の巨体は姿をあらわした。フリードリヒスハーフェンを出航して、101時間49分後のことである。係留のために、茨城県南東部の霞ヶ浦の海軍基地に移動している。

霞ヶ浦を飛び立って、太平洋横断、サンフランシスコを経由して、ロサンジェルスに到着したのは8月26日朝である。79時間3分を要した太平洋横断は、無着陸で達成された最初のものである。

燃料補給後、翌27日に終点のレイクハーストへむかい風のなかを出発、8月29日に到着し、無事に世界一周旅行を完遂した。ニューヨークで祝賀パレードが開催された。「グラーフ・ツェッペリン号」による世界一周旅行の総飛行距離は3万4200キロ、所要時間は300時間20分で12日半にあたる。

かくして、世界一周旅行を達成した「グラーフ・ツェッペリン号」は完成から5年間で、590回の飛行をおこなったが、そのうち144回は大西洋横断といった長距離コースだった。総飛行距離は168万5400キロ以上で、のべ乗客1万3110人、総重量105トンの積み荷と郵便物を輸送したのである。ツェッペリン飛行船がもっとも栄光に輝いた時期だったろう。

「ヒンデンブルク号」の悲劇

1933年1月にナチス政権が誕生すると、1934年に宣伝大臣ヨーゼフ・ゲッベルス（1897-1945）はツェッペリン社のフーゴー・エッケナーに巨額の資金援助を申し出た。建造予定の新型飛行船LZ129の建造費用に対してであった。

エッケナーはナチスを好ましく思っていなかったために、のちにはナチスと対立していくが、このときは受諾した。

1935年初頭には、ドイツ・ツェッペリン輸送会社（DZR）が設立されて、ルフトハンザ航空が半分を出資した。飛行船の商業飛行も順調に営業成績を伸ばしていた。そうした時期の1936年3月下旬に、空の豪華客船ともいうべきLZ129は完成した。

戦後にドイツ大統領を長くつとめたパウル・フォン・ヒンデンブルク（1847-1934）にあやかって、「ヒンデンブルク号」と名づけられた（図5-1）。全長245メートル、最大直径46・8メートル、最高時速110キロ、これまで人類がつくりだした航空機械のなかでいまだ最大記録を誇る巨大飛行船である。

ダイムラー・ベンツ社のディーゼルエンジンを搭載、骨格にはジュラルミンが使用されており、乗客定員は50人と、「グラーフ・ツェッペリン号」の20人から2・5倍に増員さ

図 5-1 LZ129「ヒンデンブルク号」（1936年夏の絵はがき）

れた。

船体内は上下2層になっており、上層デッキにはツインルームの客室が25室、その両翼には展望サロン、レストラン、読書室、下層デッキにはシャワー室、製氷機つきの調理室、バーラウンジ、喫煙サロンが設置されており、さらに重量調節もかねたグランドピアノもあった(図5-2)。

食事で使用されるすべての食器類には、ツェッペリン社のロゴとマークがついており、ドイツとフランスの高級ワインがならんだワインメニューも用意されていた。

ところで現在、フリードリヒスハーフェンにあるツェッペリン博物館(Zeppelin Museum Friedrichshafen)では、「ヒンデンブルク号」の巨大さを直接に体験できる。つまり、館内にLZ129「ヒンデンブルク号」

図 5-2 「ヒンデンブルク号」船内のレストラン

の内部が再現されているのだ。

飛行船の実物大の搭乗口が博物館1階の大展示場に設置されていて、当時の乗客とおなじく、タラップをのぼって「乗船」できるようになっている。ゴンドラ内部も再現されており、客室、レストラン、バルーン内部の骨組みも実物大で確認できるという体験型施設である。

LZ129「ヒンデンブルク号」は不燃性のヘリウムガスを使用する前提で設計されていたが、この当時、ヘリウムガスを唯一、産出できたアメリカ合衆国はドイツで台頭するナチスを警戒して、ドイツへの輸出を禁止した。それゆえ、依然として可燃性の水素ガスを使用せざるをえなかったのだが、それがのちの大事故の原因ともなった。

1936年5月以降の「ヒンデンブルク号」は、ドイツから17往復の大西洋往復飛行をおこなった。10回がアメリカ、7回がブラジルで、旅客数2798人、荷物や郵便物160トンを輸送した。

1930年代中期は豪華客船が大西洋を横断するのに4日間かかったが、LZ129「ヒンデンブルク号」はわずか2日で横断するうえに、客船の1等船客と同等のサービスが提供される。

同時期にはすでに旅客機も就航していたが、たとえばドイツの旅客機ユンカースJu-52は乗客17人、航続距離1000キロに対して、「ヒンデンブルク号」は乗客50人、1万3000キロを航行した。

1930年代は、飛行船が客船や旅客機よりも性能的に優位な時期だったのだ。

ところが、最高の設備を誇った空の豪華客船「ヒンデンブルク号」の悲劇は、1937年5月6日夕刻にアメリカ東海岸のレイクハースト市の飛行場で発生する。

この日は荒天だったため、雷雨のさなかに着陸しようとした瞬間、「ヒンデンブルク号」の船尾が閃光をはなった。炎が渦を巻き、全長245メートルの巨大な船体に広がっていったかと思うと、船体内部の大量の水素ガスに引火、大爆発し、炎上しながら墜落した。この日の乗客36人、乗務員61人という総員97人のうち、死者35人を数える大惨事となった。

事故原因はさまざまに推測されたが、近年では、船体外皮の塗料が引火性の高いものだったという説が有力視されている。この悲劇はタイタニック号とおなじく、種々の物語や映画のモチーフとなった。

ティモ・ヴオレンソラ監督のSF映画『アイアン・スカイ』（2012年）は、月面に生きのびていたナチスが現代に満を持して地球侵略を開始するという物語だが、「ヒンデンブルク号」をそのまま宇宙船にアップデートしたような巨大戦艦が登場する。

たしかに、2度の世界大戦をつうじて、飛行船はドイツのシンボルであった。とりわけ「ヒンデンブルク号」をはじめとするツェッペリン飛行船にナチスのイメージがつきまとうのは、じっさいにプロパガンダに利用されたことも大きい。

たとえば、ナチスが挙行した1936年のベルリン・オリンピックでは、「ヒンデンブルク号」はドイツ国内の大都市に一連の宣伝飛行をおこなっており、8月1日の開会式当日には、ベルリンのオリンピック競技場上空を飛行し、スタジアムをうめる大観衆の頭上をその巨大な船体でおおうというパフォーマンスをしている。

ドイツ・ツェッペリン輸送会社の主幹エッケナー自身はナチスに批判的な態度をつらぬいたが、ツェッペリン飛行船をめぐる負のイメージは、ナチスに利用された歴史とともに醸成されたといえるはずである。

「ヒンデンブルク号」の大惨事後も、1938年9月に同型2番船「グラーフ・ツェッペリン2号」が完成し、初飛行をおこなっている。この飛行船はツェッペリン社が建造した戦前最後の巨大飛行船となった。旅客船として使用されることは1度もないまま、宣伝と諜報にのみ利用された。

フーゴー・エッケナーがナチスとの対立を深めていった第2次世界大戦中の1940年4月に、ナチスの高官ヘルマン・ゲーリングは飛行船の解体を命令する。解体された素材を飛行機の製造に転用するためだった。

かくして、飛行船による空の旅の時代は終焉をむかえたのである。

2 南極点と北極点の制覇

北東航路の開拓

この第2節では、人類に残された世界地図最後の空白地だった北極圏と南極圏がいかにして踏破されたかを語りたい。

人類が北極点に到達するにあたっては、まずは大西洋からユーラシア大陸北方の北極海をまわって太平洋に抜ける北東航路（北極圏航路）と、大西洋からアメリカ北方をまわって太平洋へ抜ける北西航路の開拓が前提であった。

すでに16世紀中期からイギリスを嚆矢として、オランダ、ロシアなどが双方の航路へ探検隊を送っていたが、極寒と氷海にはばまれて、いずれも航路を開拓できなかった。

最初に北東航路開拓をなしとげたのは、スウェーデン系フィンランド人の鉱山学者エリク・ノルデンショルド（1832－1901）である。北東航路探検以前からシベリア沖の北極海を探検していたかれは1878年7月、北東航路探索と北極での調査のために、ノルウェー北部の都市トロムソから出港した。

ノルデンショルドの船は北極海を東進し、9月中旬にはベーリング海峡まで190キロの地点まできていたったが、氷で航行できずに越冬せざるをえなかった。1879年7月中旬に船を囲んでいた氷がなくなると、東進を再開した。ベーリング海峡北部の横断には失敗したものの、カムチャツカ半島沖を南下し、日本に寄港した。インド洋を横断、スエズ運河を経由して、スウェーデン王国の首都ストックホルムへ帰還した。

ナンセンの北極圏漂流

北極圏の学術的調査は、18世紀後半からイギリスによっておこなわれたが、19世紀には北極圏の調査活動が多くなされるようになった。それらのなかで特筆すべきは、ノルウェーの動物学者フリチョフ・ナンセン（1861－1930）である。

1888年にグリーンランド横断に成功していたナンセンは、北極海で漂流したアメリカ船が氷といっしょに流された事件を契機に、浮氷とともに漂流して、北極を通過することを思いつく。

氷に圧しつぶされない頑丈な船体のフラム号を建造して、食糧と資材を積みこむと、ナンセンは1893年6月下旬に北極海へと旅立った。9月下旬にはシベリア東部沿岸のノヴォシビルスク諸島に到達、漂流を開始した。

1年半の漂流にもかかわらず、思いどおりに北極へ流されないことがわかると、1895年3月中旬、北緯84度の地点から、ナンセンは隊員ひとりとソリに乗って氷塊を進んで、陸地をめざした。

24日間で北緯86度12分まで北進して、その地点がこれまでの最高到達点となった。しかし、食糧不足、すさまじい寒気とそびえる氷塊ゆえにこの地点からやむなくひき返し、8

月17日に北極圏バレンツ海のフランツ・ヨーゼフ諸島にたどりついた。翌1896年6月にイギリスの探検隊に救助されるまで、クマやセイウチなどを狩って生きのびた。ふた月後の8月、ナンセンと隊員は無事にノルウェーのヴァルデに帰国した。

その一方で、フラム号は漂流をつづけていたが、1895年11月中旬に北緯85度55・5分にまで北進できた。1896年7月に氷がない海面に入ると、帰還の途につき、8月にノルウェーに帰港した。のちに、このフラム号は人類初の南極点征服を達成したロアール・アムンゼンに譲渡されて、かれの南極点探検に使用された。

このナンセンたちの探検によって、北極圏の海洋、気象、地質、動植物などの研究データが収集された。帰国したナンセンは、オスロー大学の動物学教授、海洋学教授を歴任し、北極探検記を出版している。

ピアリーの北極点到達

最終的に、北極圏最初の到達者となったのは、アメリカのペンシルベニア州出身のロバート・ピアリー（1856-1920）である。それも、8回目の北極点探検でようやく達成されたのだった。

ピアリーはボードイン大学で地理学と測量学を学んだのち、海軍測量隊に入隊、中央アメリカのニカラグアでの測量を経験した。そして、１８８６年のグリーンランド探検によってこの地が島であるのを確認したことから、20年以上におよぶ探検人生は開始される。１８９１年には、グリーンランド西海岸に基地をつくった。北極圏到達のための準備だった。翌１８９２年、グリーンランドを北上、東海岸までの往復に成功した。

１８９８年の3度目のグリーンランド探検では、さらに西方に位置するエルズミア島北東部のフォート・コンガーまで足をのばし、北極点探検の拠点としたが、ピアリーは凍傷が原因で足指を7本失ってしまった。

いよいよ１９００年、ピアリーは北極点をめざして、グリーンランドを北上、最北端の北緯83度50分まで到達した。１９０２年にはエルズミア島北端のフォート・コンガーから挑戦したが、北緯84度17分の地点までが限界であった。さらに１９０５年、エルズミア島ではフォート・コンガーよりもさらに北端のシェリダン岬から北進し、前人未踏の北緯87度6分に達した。北極点から３１５キロの距離まで迫ったのである。

１９０８年7月にニューヨークを出発する52歳のピアリーを見送ったのは、当時の合衆国大統領セオドア・ルーズベルト（１８５８‐１９１９）である。この時期、ピアリーの挑戦は多くの人びとに支持されていた。

1909年3月1日、エルズミア島のさらなる北端のコロンビア岬から、ピアリーは北極点をめざした。北緯82度30分の地点にあったコロンビア岬は、当時の汽船の最北到達記録である。この北極点からわずか680キロの距離から、隊員24人とともに133匹のイヌに19台のソリを引かせて、北進を開始した。

このさい、隊員の多くを支援隊として配分し、最終的に北極点に到達する本隊はごく少人数にするという、極地法（ポーラ・メソッド）と呼ばれる方法が採用された。全隊員を6隊に配分して、5日ごとに1隊ずつひき返していくことで、旅程を確実に踏み固めて進むのである。

天候も幸いして、探検隊は順調に北上した。ひと月後の4月1日、同行していた最後の隊を帰還させて、ピアリーのもとに残ったのは使用人ひとりと4人のエスキモー（イヌイット）、5台のソリである。

そして同1909年4月6日朝、ついにピアリー一行は北極点からわずか5キロに位置する北緯89度57分に到達する（図5－3）。太陽の位置観測をおこない、周囲約60キロを踏査して、北極点を確認すると、その地点に星条旗をうち立てた。さらに、北極点到達の記録と星条旗の一部を切り取ったものを、ガラスビンに封入して埋めた。

翌7日午後にピアリーは往路を南下、基地への帰途についた。

かくして、隊員1人を転落事故で失った以外は犠牲者を出さずに、北極点を征服したピアリーは、アメリカ全土からの祝福を受けたのである。

19世紀末の南極探検

1909年のピアリーの北極点到達以後に、人類にとって残された未踏の極地は南極である。

1895年にロンドンで開催された第6回国際地理学会議で、南極探検の重要性が確認されると、南極大陸探検がふたたび脚光をあびることになる。

画期的だったのは、イギリスから資金援助されたノルウェー人博物学者カルステン・ボルクグレヴィンク（1864－1934）による南極探検である。1894年にノルウェーの捕鯨

図 5-3　ピアリー探検隊の北極圏到達

船に同行、南極圏の鉱物標本を収集した。はじめて南極大陸の地を踏んだ人間のひとりとされている。

ひきつづき、ボルクグレヴィンクは1899年2月に探検隊とともにアデリー岬へ到達、この地に小屋を建設して、約11ヵ月間、気象・磁気観測、動植物収集をおこなった。南極大陸で最初の越冬が達成されたのである。

翌1900年1月に送迎の船に乗って、さらに南下し、ついにロス湾に停泊した。翌2月に探検隊は大氷壁を突破し、大氷河を50キロほど南進した結果、南緯78度50分に達した。ついに、58年ぶりにジェームズ・クラーク・ロスの南下記録が更新されたのである。

スコットとアムンゼンの南極点到達競争

1900年に第7回国際地理学会議がベルリンで開催されて、南極大陸未踏地域への探検計画が採択された。これを受けて、20世紀初頭はスウェーデン、ドイツ、スコットランド、フランス、イギリスがそれぞれ探検隊を派遣した。

とりわけ、めざましい研究成果をおさめたのは、イギリス海軍のロバート・スコット(1868-1912)が率いる探検隊である。

頑丈な船体の調査船ディスカヴァリー号建造と科学装備の艤装、優秀な隊員の選抜などに2年間の準備期間を経て、1901年に南極へ出発した。翌年1月にロス氷壁に上陸し、宿営基地を設置した。

同年11月2日に、スコットはふたりの隊員とともに、ソリ3台と19匹の犬で氷原を南進した。約ふた月かけて、恐ろしい寒気と大きな亀裂や激しい起伏氷原を進んだが、南緯82度15分の地点でひき返さざるをえなかった。

基地に帰還したのは翌年2月3日、94日と1600キロの氷原行であった。南極点まで900キロを残していたものの、南極点をめざす最初の氷原行として記録されている。

氷でふさがれたディスカヴァリー号が航行不可能になったために、探検隊はさらに1年間、南極で滞在している。しかし、その期間に南極大陸各地の調査や測量を重ねて、多くの学術的成果をあげたのだった。

1907年7月には、イギリスのアーネスト・ヘンリー・シャクルトン(1874-1922)が南極点をめざして出港した。1908年10月末から、シャクルトンの極点制覇の氷原行は本格的に開始された。

満州馬を使ったソリで大氷河を渡河しようとしたが、零下40度の寒気とブリザードに苦しめられ、南下を阻止された。1909年1月9日、探検隊メンバーは南緯88度23分まで到達した。

極点まで179キロまで迫ったものの、残りの食糧ではたどりつけないことを悟ると、シャクルトンは後退を決意した。悪天候と闘いながら、苦難にみちた復路をほぼ50日間かけて中継基地まで帰りついたのである。

シャクルトンは南極点まで到達できなかったが、南磁極《なんじきょく》（南半球で磁力線の方向が垂直真下になっている地点）を制覇し、エレバス火山などの南極大陸の多くの山の調査結果をもち帰った。

そして、ここでふたたび登場するのがロバート・スコットである。

観測機器、組み立て式小屋、食糧、ソリを積載した調査船テラ・ノヴァ（新しい土地の意）号で1910年6月、イギリスをあとにした。翌1911年1月に、スコット探検隊はロス海西端のマクマード湾に停泊し、宿営基地を設置した。

ところが、この月下旬に新たなキャンプをつくるために出発、南緯79度29分の地点にキャンプを設置し、翌2月20日に宿営基地に戻ったスコットは絶望的な情報を耳にする。ロス海東端の鯨湾でノルウェーの極地探検家ロアール・アムンゼン（1872－1928）を目撃したというのだ。

フリチョフ・ナンセンから譲渡されたフラム号で南極にやってきたアムンゼンは、1903年から06年に北西航路を開発した稀代の探検家である。

北極点横断を企図していたが、1909年4月のアメリカ人ロバート・ピアリーによる北極点初踏破を知ると（前述）、目標を南極点に変更して、1911年1月中旬にロス海へ到着していた。

アムンゼンはスコットに宛てて、南極点をめざす旨を電報で伝えていたが、すでに南極大陸にやってきていたのだ。スコットにとって最大のライバルが突如、目前に出現したのだ。

しかも、かれが恐れていたとおり、別ルートを進んだアムンゼンに南極点征服を先取りされてしまう。スコット隊が到達するよりもひと月ほど早い1911年12月14日に、5人からなるアムンゼン一行が南極点にたどりつく。

3日間の滞在中に南極点周辺を調査したのち、翌年1月25日に全員息災で鯨湾の宿泊基地へ帰還した。
さらに1926年、北極点探検に飛行船を調達したアムンゼンは飛行船で北極点にも到達した。両極点を制覇したのである。

ロアール・アムンゼンはノルウェーの首都オスロー（当時はクリスチャニアと呼ばれていた）南方の町の船主の4人兄弟の末子として生まれた。本書に登場する冒険者や旅行家とおなじく、15歳のアムンゼンもまた、先駆者の著作を読んで、自身の生涯を決定した。

アムンゼンが読んだのは、イギリスの探検家ジョン・フランクリン（1786-1847）のものである。フランクリンは北西航路開拓のために2度の北極圏調査を敢行したが、3度目にはついに帰還しなかった。その後の10年の調査によって、2隻の船と約130人の船員は北アメリカ大陸北方のキング・ウィリアム島で2度の越冬のすえに極寒と飢餓で全滅していたことが判明した。

寒さに耐える訓練で身体を鍛錬したほか、多くの極地探検記を読破したアムンゼンは船員として働き、一等航海士の免状を取得、ベルギー王立海軍の士官アドリアン・ド・ゲルラーシュ（1866-1934）が1897年から99年におこなった南極探検隊にも参加した。

1900年に待望していた船長の免状を取得、極地探検家ナンセンのもとや、オスロー大学で地磁気を、ドイツで海洋学や気象学を学んでいる。

1903年6月中旬、資金調達の見通しが立たないままに、47トンの機帆船《きはんせん》（蒸気機関と帆を兼備した船）で夜逃げ同様に、アムンゼンは大雨の夜に出港した。大西洋からアメリカ大陸北方を通過して、太平洋側へと到達する北西航路開拓にむかったのである。

アムンゼンはフランクリンが遭難したキング・ウィリアム島で1903年と翌年と2度の越冬を経験、さらに進み、3度目の越冬を経て、1906年8月にアラスカのスワード半島南西のノームに到着した。

ついに、ジェームズ・クックやフランクリンなど多くの探検航海者たちが成就できなかった北西航路を開拓した瞬間である。北西航路の実用性はともかくとして、3年におよぶ航海の末につかんだ成功であった。

北極点到達は、アメリカ人に先を越されたものの、南極点はアムンゼンが制することになったのは、前述のとおりである。

アムンゼンが後発ながら、ロバート・スコットに勝利したのは、エスキモー犬にソリを引かせたことによる。スコットはモーター・スレッジ（動力つきソリ）とシェトランド・ポニーを重用したが、酷寒でモーター・スレッジは故障し、ポニーのひづめは氷上を駆けるのに適していなかったのである。

また、ソリを引かせていたエスキモー犬をあらかじめ定めておいた予定地点で殺して食糧にするという非情な方法も、アムンゼンの氷原行に大いに役立った。

先に南極点を踏破し、隊員5人が無事に帰還したアムンゼンとくらべると、スコット探検隊は悲惨をきわめた。

1912年1月17日に南極点に到着すると、アムンゼンのノルウェー探検隊のキャンプ跡を発見した。スコット隊の失望と落胆は計り知れない。キャンプには食糧が残されており、ノルウェーの国旗がひるがえる地点には箱が埋められていた。箱のなかには、アムンゼン隊の南極点到達の記録と、スコット宛てにアムンゼンの敬意を伝えた書簡が同封されていた。

翌日、記念の雪塚をつくり、ユニオンジャックを立てたのちに、スコット隊は帰還を開始したが、全員が氷上で帰らぬ人となった。イギリスの捜索隊がスコットたちの最後のテントを発見したのは、同年11月中旬のことである。吹き荒れるブリザードに閉ざされたまま、スコット一行は力尽きていたのだ。

南極点到達をめぐる競争は、アムンゼンの栄誉とスコットの最期という、あまりにも対照的な結末をむかえたのだった。

3 現代の旅

高速鉄道の普及

かつてイギリス海軍ジェームズ・クックの帆船が航行不可能だった北極圏であるが、現在は、砕氷船が北極圏海面の氷を破砕しながら進み、原子力潜水艦は北極点の下の海を潜航している。

大戦後の20世紀後半に、幹線道路や高速道路の建設が進み、自家用車やトラック輸送が普及し、航空機にジェット機が導入されると、世界にさきがけて、高速鉄道敷設の先陣を切ったのは日本だった。すなわち、新幹線のことで、主要区間を時速２００キロ以上で走行できる幹線鉄道をいう。

1959年の着工から5年後の1964年の東京オリンピック開催直前に完成した新幹線は、東京・新大阪間を4時間で走破した。在来線の急行では6時間40分もかかっていたが、新幹線は東京から大阪への日帰り出張を可能にしたのである。

2022年現在、東京・新大阪間を走行する新幹線の乗車時間は約2時間30分まで短縮されている。

北海道新幹線は現在、新青森から新函館北斗までが運行しているが、新函館北斗－札幌間は延伸工事中であり、2030年の完成をめざしている。日本の新幹線は世界最高の高速鉄道として、路線はまだまだ拡張中である。

一方、日本の新幹線に触発されて、フランスが1976年に建設を開始した高速鉄道がTGV（テジェヴェ）である。1981年にパリ・リヨン線が開通し、好評を博したために、2007年に完成した東線（エスト）は時速320キロで運行されている。

ドイツでも高速鉄道の開発が進められたが、在来線に高速区間をつくる方式を採用した。1991年にハノーファー－ヴュルツブルク間で高速専用新線が完成して、ICE（Intercity－Expreßzug イーツェーエー）とよばれる高速列車が最高時速280キロで走行している。

現在、日本ではさらに新しい方式による鉄道が実用化されている。いわゆるリニアモーターカー、磁気浮上式鉄道のことだ。強力な磁力によって、列車をT字型の鋼鉄製レール（ガイドウェイ）に浮上させて、電磁力で推進させるシステムである。

既存の鉄道設備を使用できないために、建設費用は安価ではないが、磁気浮上式ゆえに、静音で安定していて、加速および減速が迅速になされるうえに、列車とレールも損耗が軽微で、脱線の可能性はほぼない。現状で、リニアモーターカーは鉄道輸送手段のなかで世界最高速度を記録している鉄道である。

日本での開業は２０２７年を予定しており、２０３７年開通予定の東京（品川）と大阪を結ぶリニア中央新幹線は世界最速時速５００キロで運行すると、新幹線では約２時間半かかる距離を最速67分で走破すると

図 5-4　2015 年に世界最高速度時速 603 キロを記録した超電導リニア車両「L0 系」

いう（図5‐4）。

一方で、2022年8月下旬から、リニアモーターとは異なるエンジンを装備した列車の運行がドイツ北部ニーダーザクセン州で開始された。水素を燃料とする水素燃料電池を動力としており、この新型エンジンは走行中に二酸化炭素を排出しないのだ。

この「水素列車」を開発したのは、フランスの鉄道車両メーカーのアルストムで、すでにドイツ国内の鉄道事業社数社のほか、イタリア、フランスの鉄道会社とも契約している。

非電化路線で使用される鉄道はたいていが安価なディーゼルエンジン機関車であったが、水素燃料電池によるモーター駆動であるために、地球温暖化ガスを排出する複雑なディーゼル機関よりも維持費を抑制できるというメリットもあるという。

現代の鉄道路線には、速度の利点だけでなく、環境にも配慮した車両の導入が期待されている。

宇宙旅行の時代はもうすぐ

21世紀における人類初の旅行ビジネスは、すでに海外では開始されている。

さまざまな事業を世界的に展開しているイギリスの多国籍企業ヴァージン・グループが

2004年に創立したのが、ヴァージン・ギャラクティック社で、宇宙旅行ビジネスに新時代の事業として参入した。

2021年7月に新型宇宙船「スペースシップ2」の有人飛行に成功した。創業者のリチャード・ブランソン会長（1950-）もみずから搭乗し、無重力や宇宙船からの地球の景色を楽しんでいる。

資料によると、ヴァージン・ギャラクティック社が当初2022年以降に計画していた宇宙旅行プランは以下のようになっている。

アメリカ合衆国ニューメキシコ州スペースポート・アメリカが出発地で、1席45万ドル（約5000万円）、18歳以上で一般的に健康な人が対象である。

全参加者7人の顔合わせののちに、3日間のトレーニングプログラムと専門医による健康診断を必要としている。空中発射母艦「ホワイトナイト2」に懸架された「スペースシップ2」が分離されると、マッハ3・3の速度で大気圏をつきぬけて、宇宙空間に到着。滞在時間は4分だが、無重力状態の体験および窓からの地球や太陽の光景を楽しめる。

その後、「スペースシップ2」は大気圏に再突入し、地球に帰還、搭乗者7人とその家族との会食まで準備されている。

ヴァージン・ギャラクティック社とともに、宇宙旅行事業を進行させているのはブルーオリジン社である。グーグル、アップル、フェイスブックとともに「GAFA」とならび称されるアマゾンの創業者にして世界的資産家ジェフ・ベゾス氏（1964-）が2000年に創設した宇宙事業会社だ。2014年の時点で、かれは5億ドル（約550億円）の私財を投入して、テキサス州西部にロケット発着場の敷地を購入したほか、アメリカ各地にロケット工場を建設している。

ブルーオリジン社は弾道（サブオービタル）飛行をおこなう宇宙船「ニューシェパード」を独自開発し、2006年に試験機の初飛行、さらに2021年7月にははじめての有人宇宙飛行に成功している。このときの搭乗者は、創業者ジェフと弟マーク、最年長記録の82歳の女性、最年少記録の18歳の青年の4人だった。

「ニューシェパード」の機体は、ロケット部分の「ブースター」の先端に6人乗り乗員カプセルが取りつけられているという構造となっている。それゆえ、テキサス州の発射場から打ち上げられ、約3分で高度100キロ付近に到達すると、ロケット部分から乗員カプセルが切り離される。

この高度100キロは、宇宙空間と大気圏の境界基準「カーマン・ライン」として定義されているゆえに、これを越えると、宇宙空間に到達したことを意味するのである。

切り離された「ニューシェパード」の乗員カプセルは高度107キロまで進むと、船内は約5分の無重力状態となる。その後、完全自動操縦で乗員カプセルは大気圏に再突入するのだが、なんと所要時間は打ち上げから約10分間でしかない。乗員カプセルがパラシュートで地上に軟着陸したのと同様、打ち上げに使用されたロケット部分も発着場に無事に帰還した。

ヴァージン・ギャラクティック社の大気圏離脱は、母船が「スペースシップ2」を上空に輸送してからロケットに点火するために、飛行時間も約2時間となるのに対して、ブルーオリジン社の「ニューシェパード」は垂直離着陸式であるために、滞空時間は最大でも約15分とされている。

両社ともに、宇宙空間での無重力体験時間は5分前後だが、方式と飛行時間は大きく異なっており、ブルーオリジン社の「ニューシェパード」は乗員6人のほかは、完全自動操縦ゆえにパイロットなしである。こちらのチケット価格は当初、日本円で2000万円から3000万円と見込まれていた。

もう1社、アメリカの宇宙開発企業として「スペース・エクスプロレーション・テクノロジーズ社」(スペースX社と略記)を紹介しておきたい。驚くべきことに、総従業員数が約8000人というこの企業の最大の目標は、火星の植民地化である。

創業者はイーロン・マスク氏(1971-)、電気自動車大手メーカーのテスラの共同出資者で、2008年には最高経営責任者(CEO)に就任した世界的大富豪である。

スペースX社は民間の宇宙旅行ビジネスという枠組みを超えて、宇宙開拓という領域で進出しようとしている。同社は2026年までに火星への有人飛行を計画しており、最終的には火星に基地を建設し、地球から移民を入植させるといった大規模植民地の建設をめざしている。

2002年の設立以降、スペースX社はロケット打ち上げ実験をくりかえしてきたが、中型ロケット「ファルコン9」や無人宇宙船「ドラゴン」を開発しており、2012年には「ドラゴン」が民間の宇宙船としては史上初となる国際宇宙ステーション(ISS)とのドッキングに成功した。

この「ドラゴン」の後継機の有人宇宙船「ドラゴン2」はNASAの委託によって開発

された。「ドラゴン2」は最大7人が搭乗できる有人宇宙船「クルードラゴン」と、物資輸送用補給の無人宇宙船「カーゴドラゴン」の2ヴァージョンで開発されており、2020年5月に前者はケネディ宇宙センターから打ち上げられて、有人宇宙飛行を達成し、NASAに正式運用された最初の民間有人宇宙船となっている。

月周回旅行の実現へ

ZOZO創業者の前澤友作氏（1975-）が日本の民間人としてはじめてISSに滞在したのは、2021年12月のことである。

だが、これに先がけて、2018年に前澤氏はスペースX社の月周回旅行の乗客全席の権利を取得、宇宙プロジェクト「dearMoon」を開始していた。この月周回に使用される宇宙船は現在、スペースX社が開発中の「スターシップ」が予定されている。

自身のほかの乗員は世界中からアーティストたちを公募すると、前澤氏は発表しており、全員の月旅行費用はかれが全額負担する。

予定では2023年に約6日間で月を周回し、乗員9人のほかはパイロット数人が同乗する。費用総額は700から1000億円、ひとりあたりの費用は約80から110億円と推定されている。

序で言及した古代の風刺作家ルキアノスの時代から、人類は月世界旅行を夢想してきたが、ついに21世紀には民間資本で月への旅行が計画されるようになったのである。

くわえて2022年9月下旬、日本の旅行会社ＨＩＳが年内に宇宙旅行チケットを販売することを発表した。

これは、アメリカのフロリダ州の宇宙ベンチャー企業スペース・パースペクティヴ社が宇宙旅行の運営企画を担当しており、ＨＩＳが日本とカナダでの販売権を獲得する契約を同社と締結したことによる。同社は2024年後半から商業的宇宙飛行の開始を予定している。

最大定員8人が搭乗するのは、気球型宇宙船「スペースシップ・ネプチューン」で、推進剤には再生可能水素を使用する。飛行時間は約6時間で、2時間で高度約30キロまで上昇、同高度で2時間滑空し、残りの2時間で降下し、海に着水する。

宇宙旅行といっても、高度30キロメートルの成層圏内であるために、無重力になることはないため、事前トレーニング不要、年齢や体重制限もなく、広く老若男女が参加可能で、参加費用はひとり12万5000ドル（約1750万円）とのこと。

トマス・クックあるいはツェッペリン飛行船「ヒンデンブルク号」による世界一周旅行がかつては一般の人びとには手が出ないような高額であったことが思い出されるが、近い将来、宇宙での無重力体験や月世界旅行の費用も同様に、のちにはもっと安価になっていく時代がやってくるだろう。

結び

本書の執筆にさいしては、これまで調べてきた以上に広範な地域をあつかう文献を読みあさった。この作業であらためて感じたのは、地球は広い、世界は広いという認識である。平生《へいぜい》、ドイツを中心にヨーロッパのさまざまな文化事象のことを話して書いて、糊口《ここう》をしのぐ著者であるが、みずからの知識がいかに浅薄で、経験が寡少であるかということも同時に再認識することになった。

人間が摂取できる知識および経験の量が有限であるのは当然ではある。とはいえ、自身がいかに限定された時空間のなかに生きていて、過去のごく限られた時代と地域に発生した特異な文化事象についてしか知らないということを実感したのである。

〈旅〉について記すということは、そのぐらい大きな認識をもたらしてくれた。その結果、著者の心にわきあがったのは、今回、執筆したさまざまな場所にいってみたいという旅情である。

せっかく旅に関して獲得した知識を、自分自身で体験してみたくなったのだ。

本書をここまでお読みくださった読者諸氏も同様に旅に出てみたくなったと、わずかでも思っていただけたのであれば、本書の目的ははたされたと考える。


本書で少なからず参照した諸文献の著者、本城《ほんじょう》靖久《のぶひさ》氏の『海外ひとり旅 改訂増補版』(講談社現代新書、1992年)には、個人旅行こそが旅の醍醐味だと主張する、旅慣れた氏の旅先での知恵と工夫がたくさん披露されている。かつて日本からの海外旅行者や留学生がはるかに少なかった時代には重宝された情報であったかと思われる。

くわえて、昭和という時代の海外旅行とその準備のたいへんさに驚かされた。日本で海外渡航が自由化されたのは1964年で、昭和には海外にもち出せる外貨額の制限、コレラや天然痘の予防接種、滞在国でのビザの取得が必要だったことが記されている(現在では外貨制限、予防接種は撤廃、ビザなしの滞在期間も大幅に緩和されている)。21世紀の令和では、海外旅行がほんとうに手軽になっているのをあらためて実感できた。

しかしながら、本城氏の『海外ひとり旅』が版を重ねた時代とは、現在の事情は大きく異なっているといえよう。たくさんの有益な情報を満載したガイドブックのほか、インターネット上には、現地に関する情報が多数の写真とともに溢《あふ》れかえっている。ホテルの部屋、航空券もウェブで容易に予約できるうえに、支払いもクレジット・カード1枚で可能である。

とはいえ、著者はかならずしも個人旅行でなければならないとは考えていない。動機や目的によって、旅行の仕方も目的も多様だからである。人はそれぞれ、自分に適した旅行をすればいいのである。もっといえば、海外でなくても、日本国内だってかまわないのだ。日常にはなかった旅先での風景、旅の途中での新しい経験によって、自分が成長できたと感じることができればいいのではないだろうか。

海外へのツアーに参加して、日本語で話すガイドの案内で、おなじく日本人旅行者とともに海外旅行を安全に計画どおりに楽しむことは、かれらと知りあうこともふくめて、旅行体験として見劣りするとは思わない。

その一方で、個人で到着した見知らぬ旅先と外国人ばかりのなかで、異邦人としてひとりで感じた孤独や客愁もまた、さまざまに拘束されたテンプレートの日常生活では得がたいものであるのもまちがいないのだ。

ところで、海外旅行をするばあいの最大の難事は外国語の問題だと思われる。だれもが本城氏のように外国語が堪能というわけではないからである。ところが、これが現在、劇的に変化している。

かなり精度の高いポータブル同時通訳機が比較的安価で販売されているのにくわえて、スマートフォンの翻訳・通訳アプリも開発されている。しかも、その性能は今後ますます高まっていくはずである。

スマートフォンから直接に音声での発話がなされたり、画面に表示された文章をみせたり。

もはや多大な時間や労力をかけて、外国語を習得する時代ではない。テクノロジーの進歩が、外国語の習得という、旅行者にとっての最大の難事を克服しようとしている時代である。

くわえて、多機能のナヴィゲーションシステムのアプリのほか、ヴァーチャル地球儀であるグーグルアース、衛星写真やストリートマップを統合したグーグルマップなどを用いると、目的地に関する地理的情報の収集も非常に簡便である。

書店で販売されている旅行ガイドには、カタカナによる発音を掲載した「困ったときの会話集」といった記事がたいてい収録されているが、もはや書籍としての旅行ガイドを必要としないといっても過言ではない（とはいえ、「道に迷う」のもかけがえのない旅行体験であることは付記しておく）。

現代の旅人が注意を払うべきは、自分の旅行目的に最適な同時通訳機や翻訳・通訳アプリ、またはナヴィゲーションシステムや地図アプリの使用法であり、さらにはスマートフォンの充電残量とモバイルバッテリーなのだ。

そして運よく、未踏の目的地をめざして旅立てたのならば、つぎにはその途上で感じた感動やうれしさといった旅の魅力や体験を、旅愁もふくめて書き残そう。

いまは、記録メディアも紙ばかりではない。インターネット上にクラウドで残せるし、自分が書いた文章もオンラインで簡単に公開できる。印刷物として出版せずとも、自身の旅行譚、自分史の1ページを他人に読んでもらうことが可能である。しかも、旅での自分の成長を記した記録がまた、読者を旅にいざなっていくのである。

そのようにして、人類は旅に出てきたし、旅はまだこれからもつづくのだ。

跋

本書をなんとか無事に書きあげることができて、衷心から安堵している。

私事ながら、本書執筆中の２０２２年3月18日夜から10月18日夕方までの７ヵ月間は、近年ではかつてないほどの精神的動揺と無気力に著者が追いこまれた時期だったからだ。いま思い返すと、予想していたよりもかなり早く脱稿できたことに、われながら少なからず驚いているようなぐあいである。

ちなみに、本書の引用で訳者名がない箇所は著者が訳している。


本書執筆時に往々にして参照させていただいたのが、２０２０年1月に永眠された東京都立大学名誉教授の藤代幸一先生の訳書群である。15年ほどまえだろうか、「森くんにもらってほしい」といわれて、先生からまとめてご恵贈いただいたたくさんの蔵書にあったものだ。

母校へ非常勤講師として教えに来てくださっていた藤代先生には、大学院生時代に2年間、初期新高ドイツ語文学を教わった。定年後ものすごい仕事量で翻訳や著述を上梓しておられた藤代先生との交流はその後もつづいて、結果として先生最後の刊行物となった『ビールを〈読む〉 ドイツの文化史と都市史のはざまで』（法政大学出版局、2013年）は、著者との共著である。

藤代先生の授業や著訳書からたくさんのことを学ばせていただいたし、先生のお人柄をしのばせる思い出も少なくはないが、「仕事をする文学部教員」という生きかたを教えてくださったのが、藤代先生から受けた最大の恩義だと考える（元同僚の浜本隆志関西大学名誉教授にも同一の恩義を感じている）。

藤代幸一先生にもはや報いることができないのを、いまとなってはとても申し訳なく思う。著者も知命を過ぎたゆえだろうか、折りにふれて、藤代先生のことを懐かしく思い出す。

末筆でたいへん恐縮だが、星海社新書担当の片倉直弥さんにはひとかたならぬお世話になった。

当初、片倉さんからお話をいただいたとき、ほんとうに嬉しかった。というのも、最初の緊急事態宣言下で読んだ書籍でもっともおもしろかったのが、星海社新書の木澤佐登志氏『ニック・ランドと新反動主義　現代世界を覆う〈ダーク〉な思想』（2019年）だったからである。きわめて難解だったが、新鮮な知的刺激にみちあふれていて、コロナ禍初期の暗鬱とした生活のなかでカタルシスをあたえてくれた。

しかも、この新書は特殊な装丁のせいで、読んでいると親指が黒くなるのだ。少し黒ずんだ親指をみると、木澤氏の思想に染まったかのように感じてしまう読書体験も、そうそうあるものではなかった。

このような著作と同一の新書レーベルで書かせていただけるという奇縁に嬉々としたのだ。

さらには、木澤氏は拙著『踊る裸体生活　ドイツ健康身体論とナチスの文化史』（勉誠出版、2017年）をご自身の選書に入れてくださっているばかりでなく、大書店でのご自身のフェアでもご推薦いただいていたことを、編集者の知人がのちに教えてくれた。

こうした奇縁を取りもってくださったのが、担当の片倉さんである。

20代半ばの氏は、著者が教える学生よりわずか数歳だけ年長であるにもかかわらず、さすがは出版社の編集者である。仕事熱心かつ非常に有能なうえに鋭敏な感性をもつ担当さんで、拙著の構成や見出しなどにもじつに有益な助言をいただいた。

うち合わせのさいにサブカルチャー周辺のたいへん興味深いお話を聞かせてくださったりと、著者への至れり尽くせりの心づかいもふくめて、片倉直弥さんに心からのお礼を申し上げる。

2022年12月27日、京王線千歳烏山駅近傍の純喫茶「南蛮茶館」にて

森貴史

主要参考文献

旅行（文化史）一般

- 高見玄一郎『港の世界史』講談社学術文庫、2021年
- 竹内均『世界の探検家列伝』ニュートンプレス、2003年
- 田中靖浩『会計の世界史　イタリア、イギリス、アメリカ——500年の物語』日本経済新聞出版、2018年
- ポール・ツヴァイク（中村保男訳）『冒険の文学　西洋世界における冒険の変遷』法政大学出版局、1990年
- 中川浩一『観光の文化史』筑摩書房、1985年
- 本城靖久『馬車の文化史』講談社現代新書、1993年
- エリック・リード（伊藤誓訳）『旅の思想史　ギルガメシュ叙事詩から世界観光旅行へ』法政大学出版局、1993年
- ヴィンフリート・レシュブルク（林龍代、林健生訳）『旅行の進化論』青弓社、1999年［Löschburg, Winfried: *Und Goethe war nie in Griechenland. Kleine Kulturgeschichte des Reisens.* Leipzig (Gustav Kiepenheuer) 1997.］
- Bausinger, Hermann / Beyrer, Klaus / Korff, Gottfried (Hg.): *Reisekultur. Von der Pilgerfahrt zum modernen Toursmus.* München (C. H. Beck) 1999.

序

- フランシス・ゴドウィン、マーガレット・キャヴェンディッシュ（大西洋一、川田潤訳）『月の男／新世界誌 光り輝く世界　ユートピア旅行記叢書第2巻』岩波書店、1998年
- ヨハネス・ケプラー（渡辺正雄、榎本恵美子訳）『ケプラーの夢』講談社、1972年
- M・H・ニコルソン（高山宏訳）『月世界への旅』国書刊行会、1986年
- 野沢協、植田祐次（監修）『啓蒙のユートピア　第三巻』法政大学出版局、1997年
- 野田昌宏『SF考古館』北冬書房、1974年
- シラノ・ド・ベルジュラック（赤木昭三訳）『日月両世界旅行記』岩波文庫、2005年

第1章

- ラッセル・アッシュ（著）、リチャード・ボンソン（イラスト）、吉岡晶子（訳）『図説 世界の七不思議』東京書籍、2001年
- 阿部拓児『アケメネス朝ペルシア　史上初の世界帝国』中公新書、2021年
- 慧立、彦悰（長澤和俊訳）『玄奘三蔵　西域・インド紀行』講談社

学術文庫、1998年
●大貫良夫、前川和也、渡辺和子、屋形禎亮『世界の歴史1　人類の起原と古代オリエント』中央公論社、1998年
●大牟田章『アレクサンドロス大王　「世界」をめざした巨大な情念［新訂版］』清水書院、2017年
●H・ガスター（矢島文夫訳）『世界最古の物語〈バビロニア・ハッティ・カナアン〉』現代教養文庫、1973年
●澤田典子『アレクサンドロス大王　今に生きつづける「偉大なる王」』山川出版社、2013年
●西村賀子『ホメロス『オデュッセイア』―〈戦争〉を後にした英雄の歌』岩波書店、2012年
●ホメロス（松平千秋訳）『オデュッセイア』（上・下）岩波文庫、1994年
●森谷公俊『興亡の世界史　アレクサンドロスの征服と神話』講談社学術文庫、2016年
●森谷公俊、鈴木革（写真）『図説 アレクサンドロス大王』河出書房新社、2013年
●矢島文夫『ギルガメシュ叙事詩』ちくま学芸文庫、1998年
●Bauer, Egon: *Die Sieben Weltwunder*. München (Bassermann) 2004.

第2章

●朝日新聞社文化企画局大阪企画部（編）『西遊記のシルクロード三蔵法師の道』朝日新聞社、1999年
●阿部謹也『中世を旅する人びと　ヨーロッパ庶民生活点描』ちくま学芸文庫、2008年
●阿部謹也（訳）『放浪学生プラッターの手記　スイスのルネサンス人』平凡社、1985年
●ノルベルト・オーラー（井本晌二、藤代幸一訳）『巡礼の文化史』法政大学出版局、2004年　［Ohler, Norbert: *Pilgerstab und Jakobsmuschel. Wallfahren in Mittelalter und Neuzeit.* Düsseldorf, Zürich (Patmos, Artemis & Winkler) 2000.］
●ノルベルト・オーラー（藤代幸一訳）『中世の旅』法政大学出版局、2014年　［Ohler, Norbert: *Reisen im Mittelalter*. München (Artemis & Winkler) 1986.］
●ハーペイ・カーケリング（猪股和夫訳）『巡礼コメディ旅日記　僕のサンティアゴ巡礼の道』みすず書房、2010年　［Kerkeling, Hape: *Ich bin dann mal weg. Meine Reise auf dem Jakobsweg*. München (Piper) 2006.］
●菊池雄太（編著）『図説 中世ヨーロッパの商人』河出書房新社、2022年
●熊野聰『ヴァイキングの歴史　実力と友情の社会』創元社、20

17年
●呉茂一ほか訳『世界文学大系64 古代文学集』筑摩書房、1961年
●イヴ・コア(谷口幸男監修)『ヴァイキング　海の王とその神話』創元社、1993年
●コロンブス(林屋永吉訳)『全航海の報告』岩波文庫、2011年
●下川裕治(著)、中田浩資(写真)『ディープすぎるシルクロード中央アジアの旅』KADOKAWA、2019年
●イブン・ジュバイル(藤本勝次、池田修監訳)『イブン・ジュバイルの旅行記』講談社学術文庫、2009年
●甚野尚志、堀越宏一(編)『中世ヨーロッパを生きる』東京大学出版会、2004年
●関口義人『ジプシーを訪ねて』岩波新書、2011年
●関哲行『旅する人びと　ヨーロッパの中世4』岩波書店、2009年
●高田英樹『マルコ・ポーロとルスティケッロ　物語「世界の記」を読む』近代文藝社、2016年
●月村辰雄、久保田勝一(訳)『マルコ・ポーロ　東方見聞録』岩波書店、2012年
●デューラー(前川誠郎訳)『ネーデルラント旅日記』岩波文庫、2007年　[Dürer, Albrecht: *Tagebuch der Reise in die Niederlande*. In: Derselbe: *Schriften und Briefe*. Leipzig (Reclam) 1993.]
●イブン・バットゥータ(前嶋信次訳)『三大陸周遊記』角川文庫、1989年
●マルギット・バッハフィッシャー(森貴史、北原博、濱中春訳)『中世ヨーロッパ放浪芸人の文化史　しいたげられし楽師たち』明石書店、2006年　[Bachfischer, Margit: *Musikanten, Gaukler und Vaganten. Spielmannskunst im Mittelalter.* Augsburg (Battenberg) 1998.]
●ヴォルフガング・ハルトゥング(井本晌二、鈴木麻衣子訳)『中世の旅芸人〈奇術師・詩人・楽士〉』法政大学出版局、2006年　[Hartung, Wolfgang: *Die Spielleute im Mittelalter. Gaukler, Dichter, Musikanten.* Düsseldorf, Zürich (Patmos, Artemis & Winkler) 2003.]
●ヘザー・プリングル(神田由布子訳)『バイキング　世界をかき乱した海の覇者』日経BPムック、2020年
●ヤーコプ・ブルクハルト(新井靖一訳)『イタリア・ルネサンスの文化』筑摩書房、2007年　[Burckhardt, Jacob: *Gesammelte Werke. Bd. III. Die Kultur der Renaissance in Italien. Ein Versuch.* Basel, Stuttgart (Schwabe & Co) 1978.]
●ボイス・ペンローズ(荒尾克己訳)『大航海時代　旅と発見の二世紀』筑摩書房、1985年
●堀田弘司『山への挑戦　登山用具は語る』岩波新書、1990年

●マルコ・ポーロ（愛宕松男訳注）『東方見聞録』（1、2）平凡社、1970、71年
●マルコ・ポーロ（長澤和俊訳・解説）『東方見聞録』角川文庫、2020年
●マルコ・ポーロ、ルスティケッロ・ダ・ピーサ（高田英樹訳）『世界の記「東方見聞録」対校訳』名古屋大学出版会、2013年
●前田耕作『玄奘三蔵、シルクロードを行く』岩波新書、2010年
●増田義郎『コロンブス』岩波新書、1979年
●マゼラン（長南実訳）『最初の世界一周航海』岩波文庫、2011年
●松本栄一（写真）、松原哲明（文・写真）、田中治郎（文）『図説 三蔵法師の道 シルクロード・インドをめぐる』河出書房新社、1999年
●J・マンデヴィル（大場正史訳）『東方旅行記』平凡社、1964年
●水谷驍『ジプシー 歴史・社会・文化』平凡社新書、2006年
●ジャイルズ・ミルトン（岸本完司訳）『コロンブスをペテンにかけた男 騎士ジョン・マンデヴィルの謎』中央公論新社、2000年
●家島彦一『イブン・ジュバイルとイブン・バットゥータ』山川出版社、2013年
●マイケル・ヤマシタ、ジアンニ・グアダルーピ『再見マルコ・ポーロ「東方見聞録」 シルクロードを行く』日経ナショナルジオグラフィック、2002年
●山元正憲（訳）『赤毛のエイリークのサガ（他）』プレスポート・北欧文化通信社、2017年
●ミシェル・ルケーヌ（大貫良夫監修）『コロンブス 聖者か，破壊者か』創元社、1992年
●Bernardini, Enzo: *Die antiken Kultstätten der Welt. Von Stonehenge bis zum Ayers Rock*. Klagenfurt (Neuer Kaiser) 2004.

第3章

●岩井茂昭「クロード・グラスに映る〈ピクチャレスク〉の深層」、『近畿大学教養・外国語教育センター紀要（外国語編）』第2巻、2011年所収、97－111頁
●岩田慶治『コスモスの思想 自然・アニミズム・密教空間』岩波書店、1993年
●岩間正夫『世界山岳百科事典』山と渓谷社、1971年
●ウィンパー（浦松佐美太郎訳）『アルプス登攀記（上・下）』岩波文庫、1966年
●アンドレア・ウルフ（鍛原多惠子訳）『フンボルトの冒険 自然という〈生命の網〉の発明』NHK出版、2017年
●エンゲルハルト・ヴァイグル（三島憲一訳）『近代の小道具たち』

青土社、１９９０年
●岡田温司『グランドツアー　18世紀イタリアへの旅』岩波新書、２０１０年
●木村直司(編訳)『フンボルト　自然の諸相　熱帯自然の絵画的記述』ちくま学芸文庫、２０１２年
●司馬遼太郎『新装版　菜の花の沖(５)』文春文庫、２０００年
●エティエンヌ・タイユミット(増田義郎監修)『太平洋探検史　幻の大陸を求めて』創元社、１９９３年
●コナン・ドイル(駒月雅子訳)『シャーロック・ホームズ最後の挨拶』角川文庫、２０１８年
●日本体育協会(監修)『最新スポーツ大事典』大修館書店、１９８７年
●エドマンド・バーク(中野好之訳)『崇高と美の観念の起原』みすず書房、１９９９年
●ニナ・バーリー(竹内和世訳)『ナポレオンのエジプト　東方遠征に同行した科学者たちが遺したもの』白揚社、２０１１年
●美術出版社(編)『美術手帖 ２０１３年11月号増刊　特集Ｊ・Ｍ・Ｗ ターナー　英国風景画の巨匠、その全貌に迫る』美術出版社、２０１３年
●ピアーズ・ブレンドン(石井昭夫訳)『トマス・クック物語　近代ツーリズムの創始者』中央公論社、１９９５年
●本城靖久『グランド・ツアー　英国貴族の放蕩修学旅行』中公文庫、１９９４年
●本城靖久『トーマス・クックの旅　近代ツーリズムの誕生』講談社現代新書、１９９６年
●Ａ・Ｆ・ママリー(海津正彦訳)『アルプス・コーカサス登攀記』東京新聞出版局、２００７年
●村田竜道『放浪作家ガイガーと18世紀末ドイツ』松籟社、１９９３年
●山野正彦『ドイツ景観論の生成　フンボルトを中心に』古今書院、１９９８年
●吉村昭『新装版 間宮林蔵』講談社文庫、２０１１年
●Maillet, Arnaud (translated by Fort, Jeff): *The Claude Glass. Use and Meaning of the Black Mirror in Western Art.* New York (Zone books) 2009.

第４章、第５章

●天沼春樹『飛行船　空飛ぶ夢のカタチ』ＫＴＣ中央出版、２００２年
●クリスチャン・ウォルマー(北川玲訳)『鉄道の歴史　鉄道誕生から磁気浮上式鉄道まで』創元社、２０１６年
●桂木洋二『クルマの誕生から現在・未来へ』グランプリ出版、２００９年

- 加藤祐三、川北稔『世界の歴史25　アジアと欧米世界』中公文庫、２０１０年
- ジェリ・クィンジオ（大槻敦子訳）『鉄道の食事の歴史物語　蒸気機関車、オリエント急行から新幹線まで』原書房、２０２１年
- アガサ・クリスティー（安原和見訳）『オリエント急行殺人事件』光文社古典新訳文庫、２０１７年
- 小池滋『欧米汽車物語』角川選書、１９８２年
- ザック・スコット（伊地知猛、塩谷茂代訳）『航空機ビジュアル図鑑』イカロス出版、２０２０年
- 鈴木真二『飛行機物語　羽ばたき機からジェット旅客機まで』中公新書、２００３年
- 関根伸一郎『飛行船の時代　ツェッペリンのドイツ』丸善ライブラリー、１９９３年
- 竹野弘之『ドキュメント　豪華客船の悲劇』海文堂、２００８年
- 柘植久慶『ツェッペリン飛行船』中公文庫、２０００年
- 第三編集局企画部（編）『ザ・ヴィンテージ・バイク　歴史を作った世界の名車、徹底ガイド』講談社、１９８５年
- 富田昭次『船旅の文化誌』青弓社、２０２２年
- 富塚清『日本のオートバイの歴史（新訂版）』三樹書房、２００１年
- 中川浩一『旅の文化誌　ガイドブックと時刻表と旅行者たち』伝統と現代社、１９７９年
- 野間恒『客船の世界史　世界をつないだ外航客船クロニクル』潮書房光人新社、２０１８年
- 野間恒『増補　豪華客船の文化史』ＮＴＴ出版、２００８年
- リチャード・フォス（浜本隆三、藤原崇訳）『空と宇宙と食事の歴史物語　気球、旅客機からスペースシャトルまで』原書房、２０２２年
- 林公代（監修）『るるぶ宇宙　探査の最前線から未来の旅行プランまで』ＪＴＢパブリッシング、２０２１年
- 藤田直也『ヨーロッパ体当たり自転車旅行　ドイツからフランスへ』筑波書林、２０１６年
- 村沢譲（監修）『夢の宇宙旅行完全ガイド』宝島社、２０２１年
- 森貴史、細川裕史、溝井裕一『ドイツ奇人街道』関西大学出版部、２０１４年
- Hölscher, G.: *Acht Tage am Rhein! Ein praktischer Führer von G. Hölscher. Reich illustriert, mit Karten u. Plänen. Ausgabe A: Fahrt Rheinabwärts.* Köln (Rhein-Verlag von Hoursch & Bechstedt) 1903.
- Koch, Christian / Laubach, Philip / Eisenschmid, Rainer (ausgewählt und kommentiert): *Baedeker's Handbuch für Schnellreisende.* Ostfildern (DuMont Reiseverlag / Karl Baedeker Verlag) 2020.
- Müller, Emmerich: *FKK Reiseführer Europa 2022.*

Plüderhausen (Drei Brunnen) 2022.
● Murray, John: *Murray's Handbook for Belgium and the Rhine. With Travelling Map*. London (John Murray) 1852.
● Riegel, Christoph: *Der curieuse Passagier* (reprint). Unterschneidheim (Walter Uhl) 1972.
● Zweig, Stefan: *Die Welt von Gestern. Erinnerungs eines Europäers*. Hamburg (S. Fischer) 1981.［シュテファン・ツヴァイク（原田義人訳）『昨日の世界（１・２）』みすず書房、１９９９年］

結び

● 本城靖久『海外ひとり旅　改訂増補版』講談社現代新書、１９９２年

参考ＵＲＬ

● 「エコな「水素列車」ドイツで本格運行　１度の補給で1千キロ走行可能」（朝日新聞デジタル）
https://www.asahi.com/articles/ASQ8T5D7WQ8TUHBI00K.html
● 「Ｈ－Ｓ、気球型宇宙船による宇宙旅行販売へ　米社と契約　日・加で年内発売」（財経新聞）
https://news.livedoor.com/article/detail/22922665/
● 「Ｈ－Ｓ、気球型宇宙船「ネプチューン」の販売権取得、高度30キロまで上昇、事前トレーニング不要で１人約１８００万円」（トラベルボイス）
https://www.travelvoice.jp/20220927-152099
● 「０７６　自転車ステーション　ミュンスター」（High-Life 都市の鍼治療データベース）
https://www.hilife.or.jp/cities/data.php?p=957
● 「ドイツで１００％水素燃料電池の旅客鉄道が運行開始。今後各国で導入へ」（ＰＨＩＬＥ ＷＥＢ）
https://www.phileweb.com/amp/news/hobby/202208/26/5815.html
● 「リニア中央新幹線と日本の未来」
https://linear-chuo-shinkansen.jr-central.co.jp/future/
● 「Flüchtiger, Vera: Sterne. In: Kulturtechnisches Glossar」
https://www.kulturtechniken-glossar.philhist.unibas.ch/wp/sterne/
● 「Mozart Briefe und Dokumente -Online Edition」
https://dme.mozarteum.at/briefe-dokumente/#

図版出典一覧

第 1 章

● **1 - 1**　ギルガメシュ王を描いたとされるレリーフ（ルーヴル美術館蔵）
https://de.wikipedia.org/wiki/Gilgamesch

● **1 - 2**　ジョン・ウィリアム・ウォーターハウス《ユリシーズとセイレーンたち》（１８９１年、ヴィクトリア国立美術館蔵）、ユリシーズはオデュッセウスの英語形
https://en.wikipedia.org/wiki/John_William_Waterhouse

● **1 - 3**　アレクサンドロス大王のモザイク（ポンペイ出土、ナポリ国立考古学博物館蔵）
https://de.wikipedia.org/wiki/Alexander_der_Große

● **1 - 4**　バーミヤンの石仏（左）と破壊後（右）
https://de.wikipedia.org/wiki/Buddha-Statuen_von_Bamiyan

● **1 - 5**　玄奘が学んだナーランダー僧院の遺跡
https://de.wikipedia.org/wiki/Nalanda

● **1 - 6**　ひな壇式だったといわれるバビロンの空中庭園
Niedermeyer, Michael: *Erotik in der Gertenkunst. Eine Kulturgeschichte der Liebesgärten.* Leipzig (Edition Leipzig) 1995, S. 26.

第 2 章

● **2 - 1**　サンチャゴ・デ・コンポステーラ大聖堂
https://de.wikipedia.org/wiki/Santiago_de_Compostela

● **2 - 2**　フランスのオータン市サン・ラザール大聖堂のティンパヌム部分にある彫刻、旅行カバンに十字架やホタテ貝をつけた巡礼者たち
Ohler, Norbert: *Pilgerstab und Jakobsmuschel. Wallfahren im Mittelalter und Neuzeit.* Düsseldorf, Zürich (Artemis und Winkler) 2000, S. 65.

● **2 - 3**　遍歴職人が主人公の物語『ティル・オイレンシュピーゲルの愉快ないたずら』の表紙
https://de.wikipedia.org/wiki/Till_Eulenspiegel

● **2 - 4**　年の市で人目をあつめる熊使いや楽師たち
Bachfischer, Margit: *Musikanten, Gaukler und Vaganten. Spielmannskunst im Mittelalter.* Augsburg (Battenberg) 1998, S. 57.

● **2 - 5**　放浪の詩人ヴァルター・フォン・デア・フォーゲルヴァイデ
https://de.wikipedia.org/wiki/Walther_von_der_Vogelweide

● **2 - 6**　デューラーが描いたアントウェルペンの港（１５２０年、アルベルティーナ蔵）

https://de.wikipedia.org/wiki/Albrecht_Dürer

●**2-7** カナダのランス・オ・メドーにある11世紀のヴァイキングの移住地跡

https://de.wikipedia.org/wiki/L'Anse_aux_Meadows

第３章

●**3-1** ロゼッタ・ストーン（大英博物館蔵）

https://en.wikipedia.org/wiki/Rosetta_Stone

●**3-2** ニコライが馬車に装備した走行距離測定器

Bausinger, Hermann / Beyrer, Klaus / Korff, Gottfried (Hg.): *Reisekultur. Von der Pilgerfahrt zum modernen Toursmus.* München (C. H. Beck) 1999, S. 154.

●**3-3** 典型的なディリジャンス

https://fr.wikipedia.org/wiki/Diligence

●**3-4** ジャン・グランヴィル『人生のささいな受難』より「郵便馬車の災難」

Löschburg, Winfried: *Und Goethe war nie in Griechenland. Kleine Kulturgeschichte des Reisens.* Leipzig (Gustav Kiepenheuer) 1997, S. 82.

●**3-5** サルヴァトール・ローザ《橋のある風景》（１６４５－49年、パラティーナ美術館蔵）

https://en.wikipedia.org/wiki/Salvator_Rosa

●**3-6** トーマス・ゲインズバラ《クロード・グラスをもつ男》（制作年不明、大英博物館蔵）

Maillet, Arnaud (translated by Fort, Jeff): *The Claude Glass. Use and Meaning of the Black Mirror in Western Art.* New York (Zone books) 2009, S. 23.

●**3-7** ベンジャミン・パイクのカタログ（１８５６年）に掲載されているクロード・グラス

Maillet, 2009, S. 33.

●**3-8** 遺跡の解説を聞いているイギリス貴族、カール・シュピッツヴェーク《カンパーニャのイギリス人》（１８４５年ごろ、ベルリン、国立美術館蔵）

https://de.wikipedia.org/wiki/Grand_Tour

●**3-9** トマス・クック社発行のアメリカ旅行クーポン

本城靖久『トーマス・クックの旅　近代ツーリズムの誕生』講談社現代新書、１９９６年、１３１頁

●**3-10** クックの第2次世界航海時のタヒチ、ウィリアム・ホッジス《マタヴァイ湾のレゾリューション号とアドヴェンチャー号》（１７７６年、ロンドン、国立海洋博物館蔵）

https://de.wikipedia.org/wiki/James_Cook

●**3-11** エードゥアルト・エンダー《オリノコ河畔でのフンボルトとボンプラン》（１８７０年、ベルリン科学アカデミー蔵）

https://de.wikipedia.org/wiki/Alexander_von_Humboldt

● **3-12**　フンボルトによる《アンデスの自然描画》

https://www.researchgate.net/figure/Alexander-von-Humboldt-Naturgemaelde-der-Anden-Universitaets-und-Landesbibliothek-Bonn_fig1_352232149

● **3-13**　ターナー《カルタゴを建設するディド、あるいはカルタゴ帝国の興隆》（１８１５年、ナショナル・ポートレート・ギャラリー蔵）

https://en.wikipedia.org/wiki/Dido_building_Carthage

● **3-14**　ターナー《吹雪　アルプスを越えるハンニバルとその軍隊》（１８１２年、テート・ブリテン蔵）

https://en.wikipedia.org/wiki/J._M._W._Turner

● **3-15**　ターナー《雨、蒸気、速度　グレート・ウエスタン鉄道》（１８４４年、ナショナル・ギャラリー蔵）

https://en.wikipedia.org/wiki/J._M._W._Turner

● **3-16**　ターナー《戦艦テレメール号》（１８３９年、ナショナル・ギャラリー蔵）

https://en.wikipedia.org/wiki/J._M._W._Turner

第４章

● **4-1**　『好奇心の強い旅行者』表紙

Riegel, Christoph: *Der curieuse Passagier* (reprint). Unterschneidheim (Walter Uhl) 1972, Titelblatt.

● **4-2**　ニュルンベルクのプロスペクト

Riegel, 1972, ein Blatt zwischen S. 531 und 532.

● **4-3**　『ライン川を８日間で-』表紙

Hölscher, G.: *Acht Tage am Rhein! Ein praktischer Führer von G. Hölscher. Reich illustriert, mit Karten u. Plänen. Ausgabe A: Fahrt Rheinabwärts*. Köln (Rhein-Verlag von Hoursch & Bechstedt) 1903, Vorderdeckel.

● **4-4**　『マレー旅行ガイド』表紙（１８９１年出版の北イタリア）

https://www.publishinghistory.com/murrays-handbooks-for-travellers.html

● **4-5**　『ベデカー旅行ガイド』表紙（１８５８年出版のベルギー第５版）

https://de.wikipedia.org/wiki/Baedeker-Reiseführer

● **4-6**　『裸体文化ガイド　ヨーロッパ２０２２年』表紙

https://www.buecher.de/shop/camping--zelten/fkk-reisefuehrer-europa-2022/broschiertes-buch/products_products/detail/prod_id/61424011/

● **4-7**　『ヨーロッパ自転車旅行ガイド』表紙

https://www.amazon.de/Reise-Know-How-Reiseführer-

Fahrradführer-Europa/dp/3896626515/?_encoding=UTF8&pd_rd_w=QD69z&content-id=amzn1.sym.bbd68511-6819-46d4-a811-fd711ee0e36e&pf_rd_p=bbd68511-6819-46d4-a811-fd711ee0e36e&pf_rd_r=57N3F4XFYT4Z672MSNPN&pd_rd_wg=jDT1r&pd_rd_r=1070060a-3b5c-4da9-bef9-ae1ca9495982&ref_=pd_gw_ci_mcx_mr_hp_atf_m

- **4-8**　折りたたみ式のシートのある車両に、大量の自転車が積載されている
https://railtripping.com/de/radmitnahme-in-deutschland/
- **4-9**　プルマン客車の内装
https://de.wikipedia.org/wiki/Pullmanwagen
- **4-10**　１８８８年発行のオリエント急行のパンフレット
https://de.wikipedia.org/wiki/Orient-Express
- **4-11**　「カイザー・ヴィルヘルム・デア・グローセ号」の第１等船室喫煙サロンの内装
https://de.wikipedia.org/wiki/Kaiser_Wilhelm_der_Große_(Schiff)
- **4-12**　タイタニック号
https://de.wikipedia.org/wiki/RMS_Titanic

第５章

- **5-1**　ＬＺ１２９「ヒンデンブルク号」（１９３６年夏の絵はがき）
https://de.wikipedia.org/wiki/LZ_129
- **5-2**　「ヒンデンブルク号」船内のレストラン
https://de.wikipedia.org/wiki/LZ_129
- **5-3**　ピアリー探検隊の北極圏到達
https://en.wikipedia.org/wiki/Arctic_exploration
- **5-4**　２０１５年に世界最高速度時速６０３キロを記録した超電導リニア車両「Ｌ０系」
https://ja.wikipedia.org/wiki/新幹線

旅行《りょこう》の世界史《せかいし》 人類《じんるい》はどのように旅《たび》をしてきたのか

二〇二三年一月二四日 第一刷発行

著者 森貴史《もりたかし》

発行者 太田克史《おおたかつし》

編集担当 片倉直弥《かたくらなおや》

アートディレクター 吉岡秀典《よしおかひでのり》（セプテンバーカウボーイ）

デザイナー 鯉沼恵一《こいぬまけいいち》（ピュープ）

フォントディレクター 紺野慎一《こんのしんいち》

校閲 鷗来堂《おうらいどう》

発行所 株式会社星海社
〒一一二-〇〇一三
東京都文京区音羽一-一七-一四 音羽YKビル四階
電話 〇三-六九〇二-一七三〇
FAX 〇三-六九〇二-一七三一
https://www.seikaisha.co.jp/

発売元 株式会社講談社
〒一一二-八〇〇一
東京都文京区音羽二-一二-二一
（販売）〇三-五三九五-五八一七
（業務）〇三-五三九五-三六一五

印刷所 凸版印刷株式会社

製本所 株式会社国宝社

ISBN978-4-06-530640-6
Printed in Japan

次世代による次世代のための

武器としての教養
星海社新書

星海社新書は、困難な時代にあっても前向きに自分の人生を切り開いていこうとする次世代の人間に向けて、ここに創刊いたします。本の力を思いきり信じて、**みなさんと一緒に新しい時代の新しい価値観を創っていきたい。若い力で、世界を変えていきたいのです。**

本には、その力があります。読者であるあなたが、そこから何かを読み取り、それを自らの血肉にすることができれば、一冊の本の存在によって、あなたの人生は一瞬にして変わってしまうでしょう。**思考が変われば行動が変わり、行動が変われば生き方が変わります。**著者をはじめ、本作りに関わる多くの人の想いがそのまま形となった、文化的遺伝子としての本には、大げさではなく、それだけの力が宿っていると思うのです。

沈下していく地盤の上で、他のみんなと一緒に身動きが取れないまま、大きな穴へと落ちていくのか？　それとも、重力に逆らって立ち上がり、前を向いて最前線で戦っていくことを選ぶのか？

星海社新書の目的は、**戦うことを選んだ次世代の仲間たちに「武器としての教養」をくばることです。**知的好奇心を満たすだけでなく、自らの力で未来を切り開いていくための〝武器〟としても使える知のかたちを、シリーズとしてまとめていきたいと思います。

2011年9月

星海社新書初代編集長　柿内芳文

SEIKAISHA SHINSHO